지방에서
대한민국의
미래를 찾다

신정훈이 걸어온 길, 열어갈 미래

지방에서 대한민국의 미래를 찾다

신정훈 지음

운명처럼 뛰어든 민주화운동과 농민운동, 이후의 정치
농어민과 도시민, 지방과 수도권이 균형을 이루는 나라
나주화순과 조화로운 대한민국을 향한 신정훈의 **소명**

밥북
B·OG·K

"나는 세상을 바꾸는 것을 지방에서 해 보고 싶은 사람"
"등 굽은 소나무가 되어 고향을 지키겠습니다"

오래된 나무의 나이테를 보면 그 나무가 겪어온 시련과 생태환경의 변화를 알 수 있는 것처럼, 한 사람의 걸어온 길을 보면 그 사람이 지향하는 가치와 미래를 읽을 수 있습니다. 그래서 살아온 길은 단순히 지나간 과거의 역사가 아니라 그 사람이 열어갈 미래를 보여주는 사람의 나이테와 같습니다.

나주시 왕곡면 장산리 장사마을. 태어나서 자란 이곳에서 지금도 살고 있습니다. 제가 사는 집은 원래 배 과수원이 있던 자리입니다. 사람들은 제게 '왜 그렇게 고집스럽게 고향을 지키냐'고 묻습니다. 돌이켜 보면 고향에 낙향해서 보낸 37년은 마치 나무의 나이테처럼 나의 과거에 묶어두지 않고, 내가 달려가야 할 미래를 향한 나침반이 되었습니다.

지방과 농촌은 나의 의지로 선택한 길이 아니라 운명적인 만남이라고 생각합니다. 신군부와 맞서 싸웠던 미문화원 점거 투쟁을 거치며 감옥에서 아버지의 부음을 접하고 농민운동에 투신하겠다고 결심했습니다. 평생을 농사꾼으로 살아오신 아버님과의 인연, 신군부가 유린한 80년 광주와의 만남은 신정훈의 운명을 지방으로 불러 내렸습니다.

그리고 지금까지 수많은 언덕을 넘고 또 넘어왔습니다. 크게는 5개의 언덕이 있었습니다. 전두환의 신군부에 맞서 싸웠던 미문화원 점거 농성 사건에서부터, 나주에 돌아와 수세 폐지 운동에 매진하며 농민 세상을 꿈꾸었고, 민주당 일색의 호남 정치에 뛰어들어 지방자치의 혁신에 몰두했으며, 참여정부의 균형발전 정책에 부응해서 혁신도시를 만들었습니다.

지나온 언덕은 돌이켜보니 행운의 연속이었습니다. 기러기 떼처럼, 거북이 무리처럼 그때마다 나타난 수많은 인연들이 저의 손을 잡아주셨고, 저를 위해서 어려운 고비를 넘겨주셨습니다. 가을걷이가 끝나면 시골집 토방 위에는 여러 개의 쌀 포대가 놓였고, 때때로 집을 찾아와 위로도 해 주고, 용기도 불어 넣어주기도 하셨습니다.

서울 강남의 한복판에 서 있는 한국전력과 농어촌공사를 지방으로 움직일 수 있었던 것도 기적에 가깝습니다. 기후위기와 에너지 대전환을 선도할 인재양성의 요람, 한국에너지공대와 코로나19로 인한 백신의 일상화에 대응한 글로벌 백신 허브를 꿈꿨던 것도 수많은 사람들과의 인연, 그들의 간절한 소망 때문이었습니다.

다시금 깨닫습니다. 지금까지 이어온 수많은 인연들의 소망과 기쁨, 탄식과 분노, 절망의 목소리는 나를 바로 세워 준 죽비였습니다. 그것이 저에게는 행운입니다.

지난 21대 총선을 앞두고 러시아 블라디보스토크에 있는 안중근 의사의 유적지를 다녀왔습니다. 1909년 10월, 조선이 망하고 대한민국이 깃발을 세우기도 전에 조국으로부터 아무런 도움 하나 받지 못했던 29세의 청년 안중근이 되찾고자 했던 나라는 대체 무엇이었을까?

2019년 12월 예비후보 등록에 앞서 화순광업소 광산근로자들과 함께 지하 막장에서 현장체험을 하며, 그들의 꿈을 되새겨 보았습니다. 어둠과 죽음의 공포 속에서도 지켜야 할 꿈은 무엇이며, 지키고 싶은 행복은 무엇일까?

지방에서 대한민국의 미래를 찾다

신정훈 정치의 소명을 생각합니다. 정치는 세상을 바꾸는 도구일 뿐입니다. 정치는 정치인들이 하는 것 같지만 들여다보면 국민들이 하는 것입니다. 앞으로도 국민과 함께 뚜벅뚜벅 가겠습니다.

늘 희망에 대한 도전이 두렵습니다. 지하 막장의 광부들에게 쥐어진 곡괭이처럼, 안중근의 가슴에 숨겨진 리볼버 권총 한 자루처럼, 외롭고 두렵습니다. 그러나 멈추지 않을 것입니다. 등 굽은 소나무의 꿈이 이뤄지는 세상을 위해 오늘도 신발 끈을 조입니다.

이번 책은 그런 제 굳은 각오입니다. 거창한 포부와 거대한 공약보다는 지방을 지키는 사람으로서 이웃의 버팀목이 되겠다는 각오를 다집니다. 한 사람, 한 사람 마음의 흐름을 하나로 모아내고 더 큰 흐름으로 만들어 함께 변화시켜가겠다는 포부와 결의를 담았습니다.

내용에 따라 총 4장으로 구분했습니다. 제1장은 나주와 화순을 위해 노력한 21대 국회의 대표적인 의정활동을 정리했습니다. 21대 국회는 문재인 정부에서 윤석열 정부로 넘어가는, 여야의 위치가 바뀐 격변의 시기였습니다. 화순의 바이오 메디컬 클러스터와 나주의 에너지 밸리의 기반구축을 위해 치열하게 싸우며 고군분투했던 순간들을 가감 없이 솔직하게 기록했습니다.

어쩌면 21대 국회의 활동과정은 현재의 기록이 아니라 신정훈이 꿈꾸어 온 오래된 미래입니다. 한국에너지공대를 기반으로 한 나주의 에너지 밸리 사업과 국가의 백신안전기술지원센터, 바이오헬스 지식산업센터 등을 기반으로 한 화순의 바이오메디컬 클러스터는 제가 오랫동안 꿈꾸어 온 '지방에도 희망이 있는 나라'의 출발점이 될 것입니다.

제2장은 제가 걸어온 길을 정리했습니다. 제 인생의 중요한 언덕으로 남아있는 일들만 추리고 현재의 이야기도 덧붙였습니다. 가슴 벅찼던 기억, 잊지 못할 감동을 주셨던 수많은 분, 그리고 저를 도의원과 시장으로, 국회의원으로 선택해 주신 분들과 함께 일군 기록입니다.

제3장은 권력과 검찰에 대한 견해를, 제4장은 정치 이슈를 비롯해 우리 사회가 바꿔야 할 개혁과제까지 저의 소견을 정리했습니다. 특히 3장에서는 이재명 대표와 관련하여 검찰에 대한 나의 생

각에 긴 시간을 할애했습니다. 검찰의 적폐를 누구보다 가까이에서 경험했기에 지금의 상황을 지켜만 볼 수 없었습니다.

막차는 새벽 첫차와 가장 가까운 시간에 떠난다는 말이 있습니다. 어둠이 짙으면 새벽이 온다는 말과 의미는 같을 것입니다. 이러한 평범한 믿음이 깨지지 않도록 저의 온 힘을 기울이겠습니다.

이 책은 저의 아내 주향득과 두 아들에게 보내는 헌사이면서 동시에 지금의 신정훈을 만들어주신 화순군민과 나주의 시민들에게 보내는 감사의 마음이기도 합니다. 지금까지 저와 함께 크고 작은 언덕을 넘어주신 수많은 동지들이 아니었다면 도의원 신정훈도, 시장 신정훈도, 국회의원 신정훈도 결코 없었을 것입니다. 저의 손을 잡아주신 수많은 어르신들, 동네 아짐들의 얼굴이 또렷하게 떠오릅니다. 잡아주신 손 절대 놓지 않고 함께 가겠습니다. 감사합니다.

2024년 1월 신정훈

2장 │ 시간과 기억의 강가를 거닐며

3장 | 검찰의 시대, 검찰의 나라

4장 | 대한민국 기득권을 포기하라

지방에서
대한민국의
미래를 찾다

1장

거침없이 도전, 미래를 열다
– 21대 국회 이야기

지하 막장에서
21대 국회를 다짐하다

철로는 화순역에서도 10킬로미터 넘게 이어지다 홀 깊숙이 들어 끊겨졌다. 경전선 복암역, 역은 이미 폐쇄되었지만 지금도 석탄을 싣기 위한 화물차가 하루에 두세 차례 들른다. 화순탄광, 가장 번성하던 1989년 한 해 70만 톤에 달하던 채굴량은 2019년 10만 톤 정도로 줄어들었다.

탄광에서 캐낸 연탄원료는 근대를 나는 전라도 지역의 땔감이 되어주었다. 전남방직이나 일신방직도 화순탄광에서 나는 연탄을 에너지로 삼았다. 겨울이 시작되면 광주에 낮게 깔리던 연탄 냄새도 화순의 땅속 깊은 곳에서 올라온 것들이다.

우리가 흔히 '막장'이라는 말을 자주 쓰지만, 도대체 막장이 뭐가 어떻길래 '막장'일까. 아시겠지만, 막장이란 탄광 가장 깊은 곳, 즉

석탄을 직접 캐고 있는 막다른 현장을 말한다. 심하면 40도를 오르내리는 고온, 입을 벌리기조차 힘들 정도로 자욱한 탄가루, 탄을 캐고 나르는 고된 노동, 언제 발생할지 모를 낙반사고의 공포…, 광부들의 이런 암담한 현실을 빗대 희망이 없는 삶을 '인생막장'이라 부르곤 한다.

이 땅의 수많은 민초들이 마주하고 있는 험난한 일상의 현실이기도 하다. 나뿐만 아니라 많은 사람들은 그들의 선한 눈빛과 평화로운 일상 속에 감추어진 삶의 애환을 직접 눈으로 보거나 몸으로 체험하지 못했을 것이다. 어려운 시기를 넘어선 대한민국의 눈부신 경제성장도 수많은 국민의 소박한 행복도 이름 없는 광부들의 헌신적인 땀방울로 키운 결실이라는 것을 아는 이는 많지 않을 것이다.

2019년 12월 17일 예비후보 선거운동이 개시되는 첫날, 예비후보 등록에 앞서 이른 아침에 대한석탄공사 화순광업소를 찾았다. 손병진 부지부장을 비롯한 광산근로자들과 함께 2.5킬로미터가 넘는 갱도를 타고 지하 550미터 채탄장까지 내려갔다. 지하 채탄장에서 뿜어져 나오는 고온의 열기와 탄가루, 어둠과 땀방울로 뒤범벅된 극한의 작업현장을 체험하면서 그들의 가슴속에 품고 살아온 소박한 삶과 행복을 생각해보았다. 가슴 먹먹한 순간이었다.

2019.12.17.
지하 550미터에 있는 화순광업소 갱도에서
채굴 근로자들과 일하면서
짧은 시간이지만 노동의 숭고함을 느꼈다.

이들이 부여잡고 살아온 시간의 무게와 깊이를, 오래된 작업모에 스며든 땀방울을, 얼굴과 손을 치고 들어가 이젠 살이 되어버린 탄재를 바라보며 정치는 막장의 사람들에게 삶의 희망을 주는 것에서 시작해야 하는 것이 아닐까 생각했다. 극한의 삶 속에서도 나라와 가족을 위해 땀 흘려온 그들의 소박한 꿈과 행복을 지키는 것이야말로 21대 국회를 시작하는 신정훈 정치의 출발점이자 종착지로 삼겠다는 다짐을 몇 번이고 되새겨 보았다.

지하 갱도에 들어갈 때 모든 광부들의 손에는 도시락 하나와 묵직한 헤드라이트 배터리가 주어진다. 허리춤에 차는 배터리의 무게감과 처음 들어가 보는 갱도에 대한 두려움의 무게가 천금처럼 짓누른다. 갱도에 도착하면 비교적 깨끗한 곳에 도시락을 걸어둔다. 그냥 바닥에 내려놓으면 쥐들이 도시락에 먼저 입을 댄다. 그래서 얇은 철사에 매달아 두어야 쥐들이 접근을 못 한다고 한다.

어지간한 농사일에 익숙했지만, 탄광 일은 예상했던 것보다 훨씬 힘들었다. 40도를 오르내리는 고온, 입을 벌리기조차 힘들 정도로 자욱한 탄가루, 탄을 캐고 나르는 고된 노동과 앞이 잘 보이지 않는 상황에서 예고 없는 다이너마이트의 폭발풍과 진동까지 더해지면 혹여 갱도가 무너지지 않을까 하는 공포는 어떠했을지 짐작이 가고도 남았다.

화순탄광도 2017년 11월 화재사고로 며칠간 갱도가 폐쇄되었고, 2018년 10월에는 작업용 열차가 추락해 일하던 분이 추락사한 적도 있다. 과거처럼 갱도가 무너지는 사고는 덜하지만 언제나 사고 위험에 노출되어 있다는 것을 실감했다. 광산 입구에 위치한 '석탄산업 종사자 추모공원'에서는 근대화 과정에서 제대로 대우받지 못하고, 진폐증 등으로 고통스럽게 살았던 이들의 아픈 흔적을 만날 수 있다. 위령비 뒤에 쓰여 있는 빼곡한 이름 하나하나에는 그들의 한이 담겨 있다.

광부들과 함께 채탄작업을 마치고 그들의 이야기를 들으면서 나는 화순광업소의 갱도 막장이 내가 지키려 했던 벼농사와 다르지 않다는 것을 깨달았다. 수출주도의 산업화 과정에서 논밭에서 뻘밭에서 그리고 갱도 막장에서 수많은 국민들의 희생과 헌신이 오늘날 대한민국의 번영을 지탱해 온 것이다. 그들의 삶이야말로 정치가 존재하는 이유다.

화순탄광이 번창하던 시기인 1960년대에는 탄광 관련 종사자만 5,000명에 달했고, 1967년 화순군 인구는 15만 명을 넘었다. 그런데 석탄 경제가 몰락하면서 화순탄광은 끊임없이 폐쇄 위기를 겪어왔다. 2016년 6월에도 폐쇄 위기를 가까스로 넘겨 겨우 버티고 있었지만 우리 모두는 결국 화순탄광이 폐쇄로 갈 것이라는 사실을 잘 알고 있었다.

지방에서 대한민국의 미래를 찾다

2023년 6월 30일. 화순광업소 118년의 역사에 마침표를 찍는 날. 이날 나도 함께했다.

아침 일찍 출근한 이들은 삼삼오오 모여 탄광을 하염없이 바라보며 작별을 건넸고, 또 누군가는 사물함에 남아 있던 옷가지들을 정리하며 마지막 순간을 정리했다. 광부 김병희 씨의 고별사 한마디, 한마디에 광부들과 가족들은 물론, 나도 눈시울이 붉어졌다.

"연탄재 함부로 발로 차지 마라.

너는 누구에게 한 번이라도 뜨거운 사람이었느냐"

시인 안도현은 이 시를 통해 그동안 석탄이 우리에게 얼마나 뜨거운 존재였던가를 새삼 알려주기도 했다. 어디 그뿐인가? 겨울 빙판에 던져진 연탄재만큼 완전한 미끄럼 방지 효과를 내는 물건은 없다. 연탄은 한 번 불을 붙이면, 뜨겁게 훨훨 타오른다. 그렇게 뜨거운 존재로 남을 위해 한없이 베풀다 재로 남는다.

석탄산업의 정의로운 전환을 위한 대책들이 가시화되려면, 가야 할 길이 멀다. 그래도 포기하지 않을 것이다. 오랜 세월 세상의 홀대에도 최선을 다해 오신 분들을 위해서라도 연탄의 지엄한 가르침을 생각하며, 화순광업소 제2의 부활을 위해 최선을 다할 것을 다짐한다.

화순 경제를 이끌어 온 화순광업소 마지막 광부들과 가족들
자랑스러운 광부들의 새로운 내일을 힘껏 응원한다

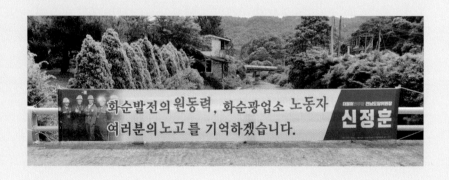

화순군민과의 첫 약속,
'폐광지역 지원특별법' 국회 통과!

21대 국회 상반기 나는 산업통상자원중소벤처기업위원회(산자위)를 선택했다. 누가 보더라도 내가 그동안 농정분야에서 활동해왔기 때문에 농림해양수산위원회를 선택할 거라고 예상했지만 상반기 동안 내가 가장 시급히 해결해야 할 발등에 떨어진 불이 화순탄광의 폐광대책이며, 이것이 21대 국회를 준비하면서 화순군민과 한 신정훈의 첫 번째 약속이었기 때문이다.

지난 100여 년의 화순탄광 역사를 치유하고 새로운 미래를 나가는 것이 어찌 쉬운 일이겠는가? 2020년 8월, 21대 국회가 시작된 지 두 달여 만에 나는 폐광지원기금의 시효를 폐지하고 기금의 지원기준 확대를 골자로 한 '폐광지역 개발 지원에 관한 특별법(이

하 폐광지원특법)' 개정안을 대표 발의했다. 개정안은 그동안 강원랜드가 부담해온 폐광지원 금액의 기준을 당기순이익을 기준으로 하고 있기 때문에 코로나19 시기처럼 관광객의 감소로 강원랜드의 영업이익이 감소하면 폐광기금이 함께 줄어들거나 아예 지원받을 수 없는 경우의 문제에서 벗어나도록 했다.

특히 법안소위 위원으로 활동하며 심사과정에서 지역에 지원하는 폐광기금보다 국가에 납부하는 관광기금이 더 많이 납부되는 문제점을 집중적으로 따졌다. 이러한 모순을 해결하기 위해 나는 기금산정 기준을 강원랜드의 당기순이익 기준 25 퍼센트가 아니라 강원랜드의 매출액 기준 13 퍼센트로 변경하고, 기금의 지원 기간도 25년까지 한정되어 있는 시효를 45년까지 20년 연장하고 시효 만료 이후에 기금의 존속 여부를 다시 결정한다는 내용을 개정안에 담았다.

법안을 대표 발의한 후, 나는 정부와 여야의 지도부를 넘나들며 특별법 통과의 당위성을 역설했다. 평소 인연이 있었고 주씨로서 화순 능주의 '주자묘'[주자학의 시조 주희(朱熹)를 모시는 사당]와 특별한 인연이 있는 당시 국민의힘 원내대표 주호영 의원은 늘 나의 숨겨진 지원군 역할을 해주었다. 강원도 태백과 정선을 지역구로 두고 있는 국민의힘 이철규 의원과는 모든 정보를 공유하면서 폐광지원 특별법 개정안의 통과를 위한 토론회를 공동 주최하여, 정부의 책임 있는 자세를 촉구했다.

지방에서 대한민국의 미래를 찾다

국민의힘당 태백 정선 지역의 이철규 의원은
나와 함께 폐광 지역의 애환을 중앙정치에 전하기 위해 고군분투 했다.
폐특법 통과를 동의하며 나에게 힘을 실어줬다.

동분서주 7개월만인 2021년 2월, 내가 대표 발의한 '폐광지역 개발 지원특별법' 개정안이 산업자원위원회 전체회의를 통과했고, 6일 후, 찬성 209표로 국회 본회의를 통과하게 되었다. 폐광지원 기금의 지원 기준을 대폭확대 변경하고 시효를 사실상 폐지하는 특별법의 개정은 지금까지 국회에서 통과된 어떤 법안과 비교해도 파격적인 내용을 담고 있는 화순군민의 위대한 승리라고 생각한다.

법 개정으로 화순군에 지원될 재정적 혜택은 어림잡아도 향후 확정된 22년간 최소한 2,500억 원(추정치)의 예산을 안정적으로 확보하게 될 것이다. 또한 개정안의 통과로 일몰이 도래할 때마다 야기되던 화순군민들의 불안을 해소하고 폐광으로 위축되어있는 지역의 대체 산업의 육성과 지역경제 활성화의 발판이 되리라 생각한다.

'폐광지역 개발지원 특별법' 개정안이 통과되기까지 수많은 분들이 힘을 모아주셨다. 특히 5만명의 서명운동을 통해 법 개정에 힘을 실어주신 화순군민들과 구충곤 군수님과 군의회 의원님들을 관계공무원들의 노력은 폐특법 개정의 가장 큰 힘이 되어 주었다. 아울러 누구보다 간절하게 폐광지역의 애환을 중앙정치권에 전달해 주신 태백정선 지역의 이철규 의원님의 절규와 분투는 아무리 강조해도 부족하다고 생각한다.

2016.5.27.
천막농성을 시작한 대한석탄공사노조 화순지부 임직원들과 함께
정부의 폐광 방침 철회를 강력히 요청했다.

지방에서 대한민국의 미래를 찾다

화순군은 화순광업소 폐광에 따른 후속 대책을 추진하고 있다. 2023년 9월, '석탄산업에서 친환경 힐링 관광산업으로 전환'을 목표로 한 경제진흥사업계획을 발표했다. 12월 기재부의 예비타당성 심사 대상 산업으로 확정되었다(국비 800억). 탄광 주변 부지를 활용하여 방문객 체류, 체험, 문화, 관광, 휴식 공간 확보를 위한 복합 체험형 관광 단지와 지역특화식품산업 및 농공단지, 스마트팜을 비롯한 신재생에너지 단지를 조성하겠다는 것이다.

또 다른 사업으로는 친환경적인 갱도 시설관리와 '석탄산업 종사자 추모공원' 조성이다. 추모공원은 석탄산업에 118년 동안 헌신하고 봉직하신 산업전사자들과 진폐재해자들의 넋을 추모하고 유족들을 위로하기 위한 공원이 될 것이다. 경제진흥사업 수립 전까지 갱도 현상 유지 및 관리비용을 위한 예산 확보를 위해서 노력 중이다.

무엇보다 이러한 화순광업소 후속 대책이 가져야 할 기본원칙은 '인간중심적'이어야 한다는 사실이다. 가까이는 탄광 노동자들과 군민을 위하고, 멀리는 대한민국 국민 모두를 위한 것이어야 한다. 그런 다음 화순의 산업유산을 고려한 헌신적인 실천이 따라야 한다.

경기도 광명시에 위치한 광명동굴이 좋은 선례가 될 수 있다. 광명동굴은 1912년 일제가 자원수탈 목적으로 개발한 광산으로 해방 후 근대화와 산업화의 흔적을 고스란히 간직한 유산이다. 1972년 폐광 후 40여 년간 새우젓 창고로 쓰이다가 2011년 광명시가 매입하여 역사문화 관광 명소로 탈바꿈시켰다. 시민에게 400개가 넘는 일자리를 제공하며, '재생의 아이콘으로' 주목받고 있다.

광명동굴의 성공비결은 무엇일까? 광명시는 크게 '발상의 전환', '자치단체장의 의지', '공무원을 비롯한 참여단체들의 협업' 등을 꼽는다. 그리고 그러한 요소들을 관통하는 원칙은 철저히 '인간중심'이라는 것이다.

탄광도시에서 역사를 담은 문화도시로 변모한 독일 에센의 졸페라인은 더 이상의 설명이 필요 없는 명소가 되었다. 졸페라인 지역은 옛 건물을 허무는 형식의 개발을 하지 않고, 기존의 역사성을 간직한 공장을 대부분 그대로 유지하여 박물관, 공연장, 디자인센터 등 문화예술 공간으로 전환했다. 석탄을 실어 나르던 고가철로도 그대로 남아 공중에서 휘돌고 있다.

누구나 보고 먹고 마시고 회의하는 등 모든 것이 가능하지만 산업 유산은 고스란히 간직한 곳. 그러면서도 새로운 활용의 꿈을 꾸는 곳이 졸페라인이다. 졸페라인은 '과거를 살린 현재'로 평가받아 2001년 유네스코세계유산으로 등재됐다.

나는 졸페라인의 고가철로를 보자마자 화순광업소 고가철로를 떠올렸다. 대한민국 산업발전의 상징인 화순광업소도 유네스코세계유산으로 손색이 없다고 나는 자부한다. 화순광업소의 과거를 현재로 되살리는 것은 이제 우리의 몫이다.

지방에서 대한민국의 미래를 찾다

화순 백신특구,
한국판 '보스턴 바이오테크 클러스터'를 꿈꾸다!

2019년 말 중국 우한에서 코로나19가 발생한 이후 우리나라에서도 2020년 1월 23일 최초의 환자가 발생했다. 이후 우리나라를 비롯한 세계 모든 국가로 확산되자 WHO에서는 2020년 3월 11일 코로나19를 세계적 팬데믹(pandemic) 선언했다. 코로나19 확산을 막기 위해 우리나라도 사회적 거리두기 시행 등 강력한 방역조치로 식당에서 밥 먹기도 어려웠고, 외출도 금지당하는 등 우리 생활이 통째로 바뀔 정도였고, 모두가 공포에 떨어야 했다.

코로나19 팬데믹으로 인한 전 지구적 위기는 역설적으로 이를 극복하기 위한 백신과 치료제 개발 등 바이오 메디컬 산업에 대한 큰 관심을 불러왔고 관련 산업이 폭발적으로 성장하는 계기가 되었다. 특히 백신 및 치료제 개발, 진단키트 생산 등을 위한 처절한 노력이 시작됨으로써 자연스럽게 화순군이 투자해 온 백신특구의 위상과 역할에 대한 재평가와 함께, 백신특구를 중심으로 바이오 메디컬 클러스터가 본격적인 기지개를 켤 수 있는 절호의 기회가 온 것이다.

2009년 화순군의 국가백신산업특구가 지정된 이래, 지난 10여 년간 전남도와 화순군의 지속적 투자로 화순에는 전남바이오산업진흥원과 화순전남대병원, GC녹십자 등 15개 지원기관과 33개 기업이 집적화되었다. 나아가 국가 미생물실증지원센터가 들어서면서 대한민국에서 유일하게 연구개발, 시료생산, 임상, 비임상, 상용화에 이르는 백신·의약품의개발부터 생산까지 전(全) 단계를 원스톱(One-Stop) 지원하는 기반시설을 갖추었으니, 화순이 코로나19와 함께 주목받는 건 당연했다.

2019년 7월, 전남을 방문한 문재인 대통령께서도 "화순의 바이오 메디컬 허브를 실현하기 위해 정부가 함께하겠다"고 선언하면서, 코로나19라는 새로운 환경의 변화를 계기로 화순의 백신특구와 같은 바이오 메디컬 분야의 기반시설을 적극 활용하겠다는 의지를 보여줌으로써 백신특구의 새로운 변화와 도약에 힘을 실어주었다.

지방에서 대한민국의 미래를 찾다

2021.1.21.
의원실과 전남도와 함께 주최한
국가 첨단의료복합단지 확대 방안 마련 온택트 토론회.

첨단의료복합단지는 의료연구개발의 활성화와
연구성과의 상품화를 촉진하기 위한 의료산업의 실리콘밸리다.
이날 나는 백신산업 바이오와 메디컬이 결합된
국내 유일의 화순 백신산업특구가 다양한 인프라가
이미 갖춰져 있어 최적지임을 강조했다.

이러한 환경에서 21대 국회에 진출한 나는 전공분야인 농림해양 수산위가 아닌, 산자위를 선택했다. 화순의 백신산업과 생물의약 분야의 기반구축을 위해서는 당연하고 필요한 선택이었다. 21대 국회 전반기 산업자원위원으로서, 21년도 예산결산특별위원회의 계수조정 소위원으로 선임된 나는 무엇보다 식약처 산하기관인 백신안전지원기술센터의 기능 확대와 예산확보에 주력했다.

백신안전기술지원센터는 국내의 의약분야 기업을 대상으로 백신의 개발부터 임상과 허가, 승인에 이르기까지 제품의 전주기 생산과정에 대한 기술자문과 임상시험, 검체분석, 품질검사를 지원하는 국가 인증기관으로 바이오 메디컬산업의 특성상 기업의 제품생산에 필수적인 기반시설이다. 이를 위해 코로나 이후의 팬데믹에 대한 대응 능력을 위해서라도 백신안전기술센터의 기능과 역할의 확대강화와 여기에 따른 교육시설의 확충은 무엇보다 시급한 과제였다.

내가 2021년과 2022년에 걸쳐 확보한 백신안전기술지원센터의 실습형 전문교육시설(교육동 건축비 191억, 장비구축비 100억원)은 2023년 12월 5일 준공 승인되었다. 이렇게 구축된 교육동은 일반적으로 생각하는 단순한 교육시설이 아니라 백신과 의약품 생산을 위한 실험과 제품생산을 체험할 수 있는 사실상의 생산공장으로서, 국내의 전문인력 교육은 물론이고 개도국의 규제기관 종사자에 대한 교육을 병행함으로써 향후 의약분야의 해외 시장개척에도 큰 도움이 될 것으로 예상한다.

아울러 2023년 11월, 면역치료 연구개발을 위한 국가면역치료혁신센터(480억원)에 이어서 12월에는 면역치료세포 산업화기술 플랫폼(200억원)이 준공될 예정이며, 2024년에는 내가 국회 산업자원위원으로서 확보한 바이오·헬스융복합 지식산업센터가 건립될 예정이다. 이러한 기반시설이 구축되면 화순은 필연적으로 병원이나 연구시설, 민간기업과의 협력을 통해 새로운 혁신성장을 이끌어내는 바이오 메디컬 클러스터로 발돋움해 갈 것이라고 확신한다.

2022년 2월 23일 우리나라는 세계보건기구(WHO)로부터 '글로벌 바이오 인력양성 허브'로 선정되었다. 당시의 기억이 지금도 생생하다. 나는 이 과정에서 화순의 역할을 증대시키기 위해 담당 상임위는 아니었지만 직간접적으로 여러 가지 노력을 기울였다. 이 사업에 이어 2023년 7월 보건복지부는 전남 화순을 비롯한 인천 송도, 경기 시흥, 충북 오송, 경북 안동을 '글로벌 바이오 캠퍼스' 후보지로 확정했다고 발표했다.

WHO가 지정하는 '인력양성 허브'는 중·저소득국가의 백신불평등을 해소하고 백신의 자급화를 위해 백신과 바이오의약품 생산공정 교육 훈련을 제공하는 글로벌 중심 기관이다. 이에 따라 선정된 5개 지역은 앞으로 각각 '캠퍼스'라는 이름으로 불리면서 향후 국내외적으로 바이오, 백신을 비롯한 산업의 중심지로 성장해 나갈 것이다.

나는 오늘날 화순이 전남의 작은 농촌도시에서 바이오 메디컬 산업의 중추도시로서 미래를 꿈꾸게 된 것은 전적으로 어려운 지방재정 여건에도 불구하고 아낌없는 노력과 투자를 해온 전라남도와 화순군 지도자들의 미래를 보는 혜안과 헌신 덕분이라고 생각한다. 여기에 더해 세계적인 바이오 분야의 권위자들과 석학들이 참여하고 있는 '화순 국제백신포럼'은 농촌도시 화순이 그려온 꿈과 포부를 보여주고 있는 상징적 사업이다.

지난 10년에 걸쳐 계속되어 온 화순군의 바이오메디컬 산업의 클러스터에 대한 결실을 얻기 위한 사업으로 나는 전남도와 함께 화순을 '전남형 첨단의료복합단지' 지정을 최종목표로 삼고 노력해 왔다. 이를 위해 2021년 1월 전남도와 함께 '국가 첨단의료복합단지 확대방안 마련 온택트 토론회'를 주최하고 당위성과 공감대 확산에 노력해 왔다.

첨단의료복합단지는 의료분야 연구개발의 활성화와 연구성과의 상품화를 촉진하기 위한 IT산업과 대별되는 의료산업의 실리콘밸리이다. 지난 2005년 대구 신서혁신도시와 충북 오송생명과학단지 두 곳이 선정되어 추진되고 있는 대규모 국책사업이기도 하다.

그러나 1차 첨단의료복합단지 지정 이후 급변한 최신 의료기술 및 글로벌 수요를 반영하고 감염병 재확산에 대비한 첨단의료복합단지의 추가 지정이 요구되고 있다. 특히, 코로나19 이후 또 다른 팬데믹에 대비하면서도 오송, 대구와 역할 분담을 위해서는 차세대 생명공학의 핵심인 면역치료를 중심으로 한 '전남형 첨복단지'로서의 특화발전이 필요하다.

나는 2024년 국회의 예산심의 과정에서도 화순군이 건의한 첨단의료복합단지 조성계획 타당성 조사용역 예산을 제1의 과제로 삼고 예결위와 기재부 관계자들과 긴밀한 협력을 하고 있다. 나주의 에너지밸리, 화순의 바이오메디컬 클러스터는 전남광주의 미래 먹거리를 위한 신정훈의 소명으로 안고 최선을 다하고 있다.

코로나19로 우리의 일상이 송두리째 바뀐 어느 날, 세계 바이오 산업을 소개하는 다큐멘터리를 보게 되었다. 방송은 미국 보스턴 바이오테크 클러스터 성공사례를 예로 들며 한국 바이오 클러스터의 필요성을 강조했다. 나는 방송을 보면서, '화순이야말로 한국판 보스턴 바이오테크 클러스터가 되기에 충분해!'라고 생각하고 굳은 결심을 하게 되었다.

보스턴 바이오테크 클러스터는 세계 최대의 바이오산업단지로, 바이오테크 산업의 실리콘밸리로 불린다. 매사추세츠 바이오협회에 따르면 2021년 기준 보스턴 바이오 클러스터는 5,500만 제곱피트(약 154만 평)에 달한다. 이곳에는 화이자와 사노피, 노바티스, 다케다 등 주요 글로벌 제약사를 포함해 크고 작은 생명공학

기업 1,000여 개가 밀집해 있다.

보스턴 바이오테크 클러스터의 최대 장점은 하버드대와 MIT를 비롯해 세계 최고 수준의 산학연은 물론 병원들도 함께 있어 신약 연구·개발부터 임상까지 신약 개발의 전 과정이 이뤄진다는 점이다. 보스턴에는 10만6천여 명의 생명공학 연구자들이 근무하고 있다. 이 숫자는 2008년보다 96.5 퍼센트가 증가한 것으로 바이오산업의 지역 고용 창출 효과를 여실히 보여준다.

바이오산업을 기반으로 한 보스턴의 혁신모델은 지금까지 국가 백신특구 지정과 백신과 의약분야 전주기 인증체계, 항암전문 전남대병원, 녹십자 생산공장 등 산재한 기반시설과 함께 화순이 주력해야 할 미래를 제시하고 있다고 생각한다.

지방에서 대한민국의 미래를 찾다

2021.11.4.
2021 화순국제백신포럼에 참가한 과학기술부,
보건복지부 관계자들과 포럼 개회식을 기다리며….

이때 화순의 바이오와 나주의 에너지가
지역 경제를 살리는 전략산업으로
중앙과 지방이 소통하고 상생하는
좋은 본보기가 된 것 같아 흐뭇했던 기억이 있다.

혁신도시 시즌 2,
세계적 에너지 특화공대를 제안하다

2019년 7월 12일 문재인 대통령이 나주혁신도시를 찾았다. 후보 시절이었던 2017년 1월, 빛가람 혁신도시를 방문해서 혁신도시 시즌 2를 약속한 지 2년 반만의 일이었다. 무안에 있는 전남도청에서 열린 '블루이코노미 전남' 비전 선포식에 참석차 전남을 방문한 일정이었지만 나의 강력한 건의로 빛가람 혁신도시를 방문한 것이다.

빛가람 전망대에서 혁신도시와 한전공대의 부지를 조망하면서 혁신도시를 향한 감회를 말씀하셨다. "내가 한 일이 아니지만 노무현 대통령이 시작한 혁신도시가 이렇게 힘차게 발전하고 있는 모습을 보니 매우 감격스럽습니다. 빛가람 혁신도시에 한전공대를 설립하고, 에너지 신산업의 메카로 만들어 광주·전남의 미래 먹거리를 만들겠습니다"라고 강조하였다.

19대 총선에서 국민의당의 녹색 바람 앞에 좌절한 나는 일찌감치 문재인 캠프에 합류해서 전남본부장을 맡아 전력을 다했다. 대선은 내게 후보를 당선시키는 목표와 함께 총선 실패로 못 다 이룬 꿈을 실현할 절호의 기회였다. 가장 낙후된 지역과 농업인을 대변하는 정치를 하겠다고 자임한 나로서는 나주·화순을 발전시킬 수 있는 기회이자, 농어업 관련 정책을 실현할 좋은 기회라고 생각했다.

　대선후보 경선이 한창이던 2017년 1월 여의도에서 농업계 원로들과 간담회를 마치고 후보를 배웅하면서 나는 문재인 후보에게, 여전히 '반문정서'가 지배하는 전남지역을 공략하기 위해, 민주당이 먼저 이미 완성 단계에 있는 혁신도시와 한전을 방문하는 것이 좋을 것 같다고 건의했다. 일정은 다음날 확정되었다. 이렇게 성사된 문재인 후보의 나주 방문은 혁신도시와 전남 발전의 비전을 알릴 좋은 기회였다.

　우선 나는 문재인 후보의 나주혁신도시 방문을 준비하면서 전남도가 건의한 대선공약과 한전의 비서실로부터 에너지밸리 추진 상황, '한전의 3대 중점 특화사업'에 관련한 보고서를 받아 후보의 메시지를 준비했다. 보고서에서 내 눈을 사로잡은 내용은 한전의 장기 계획으로 언급된 '융복합 전력기술대, 캡코-텍'(Kepco - Tech, 한전공과대학)에 관한 사항이었다. 참여정부에서 구상한 빛가람 혁신도시의 기본 컨셉이 산학연 클러스터 도시를 지향하고 있었

고, 나 역시 2004년 빛가람 혁신도시를 유치하는 과정에서 IT혁신
도시인 실리콘밸리의 기술혁신과 창업의 요람이었던 스탠퍼드대학
을 방문한 적이 있었기 때문에 보고서에 언급된 켑코-텍의 의미와
필요성을 누구보다 잘 알고 있었다.

2004년 가을
스탠퍼드 대학 방문 당시, IT기업 현장 견학 중에

한전 등 공공기관의 지방 이전이 혁신도시의 1단계 사업이라면,
대학과 연구소 그리고 민간 기업을 기반으로 산업 생태계를 조성
하고 기술과 인재를 양성하는 것이야말로 지방에 혁신도시를 건설
하는 가장 중요한 목적이라 할 수 있을 것이다.

세계적인 IT 산업의 중심이 된 미국 실리콘밸리가 발전할 수 있
었던 것도 스탠퍼드대학의 영향이 컸고, 세계적 식품산업 클러스
터인 네덜란드 와게닝겐시의 사례에서도 보았듯이 교육의 역할이
컸다. 빛가람 에너지밸리를 성공적으로 안착시키기 위해서도 기술

연구와 인재 양성이 주요 과제였다.

　2017년 1월 27일 문재인 후보가 나주에 방문했을 때 나는 점심을 겸한 자리에서 조심스럽게 한전공대의 필요성을 건의했다. 그때까지 누구도 한전공대를 캠프에 제안한 적이 없었기 때문인지 후보는 신중한 표정으로 묵묵히 듣고 있는데, 함께 한 임종석 실장 등 캠프 참모들은 대체로 지방대 공동화와 학령인구의 감소를 이유로 매우 부정적인 반응을 보였다. 그렇다고 캠프의 분위기만 보고 포기할 신정훈은 아니었다.

2017.1.23.
문재인 대통령 후보는 나주혁신도시를 방문해
혁신도시 시즌2를 공약했고
나는 최초로 가칭 한전공대를 건의했다.

문재인 캠프 안의 부정적인 분위기를 극복하기 위해서 나는 한전 공대가 단순히 또 하나의 대학이 아니라 한전이 주도하는 에너지밸리의 성공과 기후위기로 조성된 글로벌 에너지 신산업의 경쟁력을 위해서 반드시 필요하다는 점을 설득했다. 그 분야의 전문가에게 자문을 요청하고 캠프의 정책 담당자들뿐 아니라 당시 이낙연 전남지사와 조환익 한전사장 등에게도 한전공대 공약의 필요성을 설명하고 지원을 요청했다.

캠프 주요 정책 결정자들과 마찬가지로 전남도 이낙연 지사의 입장도 한전도 처음에는 신중한 입장이었다. 당시에 이낙연 지사는 나에게 장문의 문자를 주셨는데 "한전의 조환식 사장과 의논을 했는데 한양대 안산캠퍼스나 에너지 마이스터 고등학교가 적당할 것"이라며 한전공대는 시기상조라는 의견을 보내왔다. 그러나 다행스럽게도 한전이 내부 토론을 통해 4차 산업혁명 시대에 맞는 에너지 신기술의 융복합과 인재 양성의 필요성에 공감하고 생각을 바꿔 적극적인 지원을 약속했다.

한전공대를 둘러싼 캠프 내에서 갑론을박에 종지부를 찍은 사람은 문재인 후보였다. 2017년 4월 선거를 한 달여 남겨둔 상태에서 목포대를 방문한 문재인 후보가 대학생들과 간담회 자리에서 갑작스럽게 한전공대 설립의 의지를 발표해버린 것이다.

"나주혁신도시에 혁신도시 시즌2 사업을 하겠다고 약속했습니다.

많은 에너지 관련 기업을 그곳으로 모으겠습니다. 그에 더해서 포항공대처럼 한전공대를, 에너지를 전문으로 하는 공과대학을 만들겠습니다. 그렇게 하면 나주혁신도시가 에너지밸리로 커나가고 전남이 에너지 신산업의 메카가 되는 데 큰 도움이 되지 않겠습니까?"

아무도 예상하지 못했던 문 후보의 발표로 한전공대가 세상에 드러났다. 비록 공식적인 공약으로서 발표한 것은 아니지만 후보의 논리적인 말씀을 보더라도 상당 부분 후보의 고민과 의지가 뒷받침된 발언이라고 느꼈다. 나는 문재인 후보의 발언이 단순한 일회성 발언으로 끝나지 않도록 즉시 후보의 의지를 캠프 담당자들과 언론에 신속하게 전달하고 기정사실화 했다. 이렇게 한전공대 설립은 후보의 의지를 담아 광주·전남 대표 공약으로 확정되었다.

하지만 정부 출범 이후에 한전공대 공약은 기대만큼 순조롭게 진행되지 못했다. 청와대에서 농어업비서관을 맡았지만, 정무적으로 문재인 캠프에서 전남본부장을 맡았고 청와대 내에서 유일한 전남지역 출신 비서관이었기 때문에 한전공대 공약을 챙기는 일은 나의 몫이 될 수밖에 없었다.

2018년 3월, 지역 공약을 담당하는 황태규 비서관에게서 한전공대 공약이 진전되지 못하고 있는 상황을 점검하면서, 멈춘 이유가 장하성 정책실장의 부정적인 문제의식 때문이라는 것을 알게 되었다. 농어업 비서관실도 정책실 소속이었기 때문에 광주 출신인

장하성 정책실장과의 만남을 통해 한전공대의 필요성을 간곡히 설명했지만 도통 요지부동이었다.

하지만 이미 지역민과 약속한 광주·전남의 제1 공약이었고, 국정과제로 확정된 문제를 한두 사람의 반대로 포기할 수는 없었다. 나는 캠프 내의 많은 반대에도 불구하고 한전공대 설립을 직접 발표하신 대통령의 의지를 확인할 필요가 있다고 생각하고 대통령과의 면담을 요청했다. 내가 청와대의 생활을 정리하기 3일 전쯤으로 기억한다.

한전공대의 공약을 확정하기까지의 사정을 잘 알고 있었던 정태호 정책기획 비서관이 적극 나서 주었다. 면담신청을 한 지 한 시간도 지나지 않아서 문재인 대통령께서 한전공대에 대한 확고한 의지를 확인해 주셨고 나는 지체없이 다음날 정태호 비서관과 함께 한전의 김회천 부사장과 정재천 처장을 불러 청와대의 방침을 전달했다. 두 번째 고비도 문 대통령께서 해결해 주셨다. 청와대 생활을 마감하기 3일 전, 긴장의 연속이었다.

청와대의 방침을 계기로 한전에서 그동안 지지부진하게 진행되었던 한전공대 설립을 위한 기본계획 용역을 본격적으로 추진했고, 2019년 6월 29일 열린 한전공대 설립 범정부위원회에서 '한전공대 설립 기본계획안'이 가결되어 본격적인 한전공대 설립이 시작되었다.

나는 정부로부터 국가균형발전위 지역정책공약 특별위원장 자격으로 한전공대 설립지원 범정부위원으로 위촉되어 '최소한 지자체 수준의 재정지원'이라는 정부의 재정지원 원칙을 관철시켜 지속 가능한 운영 기반을 마련했다. 2022년 3월 개교를 목표로, 30년 안에 세계 최고 수준의 에너지특화 공과대학을 실현한다는 로드맵을 담았다. 광주와의 치열한 경쟁을 거치고 부영골프장이라는 우여곡절을 지나 마침내 빛가람에 부지를 확정하게 되었다.

2019년 7월 12일에 문재인 대통령이 나주혁신도시를 방문했고, '한전공대의 임기 내 설립안'이 공식화되었다. 오랜 기간 많은 우여곡절을 거쳐 만들어낸 노력의 소산이었다고 자부한다. 빛가람 전망대에서 한전공대 부지를 조망하면서 문재인 대통령이 하신 말씀이 나의 가슴에 꽂혔다. "내가 공부한 해남 대흥사와 가까운 땅끝마을에 가면 땅끝을 느끼기 쉽지 않았습니다. 하지만 대흥사가 있는 두륜산에 올라가면 땅끝을 느낄 수 있었습니다. 더 멀리 보고 더 넓은 눈으로 보아야 미래를 볼 수 있습니다."

대통령의 말씀처럼 한 지역을 위한 투자는 멀리 봐야 한다. 한전공대 설립도 멀리 보고 넓게 봐야 하는 투자이다. 앞으로 한국에너지공대의 결실은 우리 나주혁신도시의 중추적인 기능을 살리는데 기여할 것이라고 나는 확신한다. 그 주춧돌에 나의 자부심을 새기게 되어 정말 큰 보람이다.

2019.7.12.
문재인 대통령 나주혁신도시 방문.
빛가람전망대에서 가칭 한전공대가 들어설 부지를 확인하고
빛가람혁신도시 발전계획에 대해 설명드렸다.
한전공대의 문재인 정부 임기 내 설립안이 공식화된 날이다.

4전 5기의 입법전쟁,
한국에너지공대특별법 국회 통과!

21대 국회에 입성해서 나의 가장 중요한 입법과제는 당연히 한국에너지공대 설립을 위한 법률안을 마련하는 것이었다. 나는 일찍이 산업자원위를 지원했고 법안심사소위 중에서 산업통상자원특허소위원회에 자리 잡았다. 그러나 한국에너지공대 설립에 대한 야당과 보수언론의 공세는 집요했다.

지방대학이 무너지고 있는데 왜 또 하나의 대학이 필요하냐는 상식적인 문제 제기는 여론을 뒤흔들기에 충분한 논리가 되었다. 조선일보를 비롯한 보수언론의 악의적인 정치공세도 만만치 않았다. 호남지역의 정치인인 신정훈과 청와대의 86 정치인들의 합작품이라는 그럴싸한 시나리오까지 등장했다.

가장 곤란한 문제 제기는 다름 아닌 지역의 시민단체들이 가세한 부영에 대한 특혜시비였다. 아시다시피 한국에너지공대의 입지를 선정할 당시 광주광역시의 자치단체와의 유치 경쟁을 펼쳐야 했기 때문에 전라남도는 광주지역보다 우수한 입지여건의 후보지를 제시해야 할 형편이었다. 따라서 이미 개발이 완성되어 당장이라도 공사가 가능한 빛가람 혁신도시 내의 부영 골프장은 가장 경쟁력 있는 불가피한 선택이었음에도 잔여부지의 활용을 두고 제기된 특혜시비는 야당과 보수언론에 빌미를 주었던 것이다.

이러한 여론의 문제 제기와 함께 2021년 4월 서울시장 선거를 앞두고 여론의 역풍을 우려한 우리 당에서도 입장이 매우 조심스러웠다. 그러한 지도부의 의중이 전달된 것인지 상임위의원들도 특별법 처리에 소극적인 자세로 돌아서기 시작했다. 급기야 나주시장이 출석하여 부영에 대한 특혜방지 대책을 약속하고 지역특례입학도 배제하는 등 모든 혜택을 배제한 법안을 제시하면서까지 야당을 설득했지만 요지부동이었다.

남은 방법은 다수의석을 차지하고 있는 민주당 소속 의원들의 단독처리만이 남았다. 그런데 이를 위해서는 당론의 뒷받침이 되어야 하는데 여론을 의식한 민주당마저 뒤꽁무니를 뺀 것이다. 물리적으로 문재인 대통령의 임기 내에 대학이 개교하려면 2021년 3월 임시국회의 통과가 필수적인데 여당인 민주당마저 소극적이니 법안처리는 최대의 난관에 봉착하였다. 야당의 반대에 여당의 소극적 자세로 사면초가에 처한 상황에서 선택할 수 있는 것은 강공밖에 없었다.

그러나 상임위 단계에서 무리하게 일방적으로 통과시킬 경우, 법사위에서 법안이 계류될 우려가 컸다. 한국에너지공과대학의 성공적 출범과 추후 안정적 지원을 위해서는 반드시 여야 합의와 단일대오가 필요했다. 소속 정당이나 친소 관계를 따질 여유가 없었다. 2021년 2월 18일, 주호영 당시 국민의힘 당 원내대표를 찾아갔다. 특별법 제정의 필요성과 시급성을 강조하고 야당의 전향적인 태도 변화와 적극적인 협조를 간곡히 요청했다. 나는 '한국에너지공대는 특정 지역의 이익이 아닌 국가 에너지 신산업의 미래가 달린 국가적 전략사업'이라는 점을 강조하며 정상적인 개교를 통해 세계적인 인재를 키워나갈 수 있도록 국민의힘 당 지도부가 나설 줄 것을 말씀드렸다. 다행히 결과는 긍정적이었다. 주호영 원내대표는 "당 소속 산업자원위 의원들과 간담회를 열어 법안 처리를 논의하겠다"고 약속했다. 하지만 야당 원내대표의 약속에도 불구하고 야당 의원들은 전혀 협조할 생각이 없는 듯했다.

앞서 2월 22일과 3월 11일 두 차례의 법안소위에서 심사했지만 통과되지 못했다. 이어 마지막 법안소위가 열린 3월 16일까지도 부정적인 기류가 강했다. 더욱이 제정법이라 누군가가 입법 공청회를 하자고 제동을 걸 경우, 3월 임시국회 내 통과도 힘들 뿐 아니라 대통령의 임기 내 개교도 불가능했다. 그야말로 피가 마르는 시간이었다.

설상가상으로 4월 초 예정되어 있는 서울시장 선거의 분위기가 어렵게 되자, 여당인 민주당 지도부마저 한국에너지공대법에 대해 주춤거리기 시작했다. 우리 당의 입장에서 서울시장 선거를 생각하면 한국에너지공대법을 포기해야 하고, 선거를 고려해서 3월 국회 이후로 미루자면 대통령의 임기 내 개교가 사실상 불가능한 벼랑 끝에 선 기분이었다.

법안 소위가 열리는 날, 한국에너지공대법 처리가 사실상 물 건너가는 순간, 나는 육탄으로 결정을 막아섰다. 당시 산자위원장을 맡고 있던 이학영 위원장과 민주당 송갑석 간사를 강한 어조로 항의하면서 "문재인 정권을 누가 만들었는가!! 한국에너지공대에 대한 포기는 호남에 대한 민주당의 배신!!" 이라고 외치면서 나를 밟고 넘어가라며 아예 드러누워 버렸다.

이때 큰 도움을 준 의원이 바로 이철규 법안소위 위원장이었다.

지방에서 대한민국의 미래를 찾다

태백, 정선에 지역구를 둔 이철규 의원과는 화순의 염원이던 폐광 지역 개발지원에 관한 특별법을 논의할 때 긴밀히 협력했던 인연이 있다. 나의 등 뒤에 나타난 이철규 의원은 나를 끌어안으면서 "신의원, 내가 한 번 더 생각해 볼 게. 참아라." 하면서 한국에너지공대법의 소위 상정의 길을 열어주었다.

당시 상황을 돌이켜보면 이철규 의원은 나의 돌출행동을 단순한 우격다짐이 아닌 절박한 심정의 표현으로 이해해주신 것 같다. 이철규 소위원장은 이날 소위에서 "어느 누구도 이 대학설립 자체를 반대하거나 원천적으로 부정하는 것이 아니다"라고 발언하며, 나에게 힘을 실어줬다. 그렇게 한국에너지공대특별법은 법안소위에서 합의 처리됐다.

마침내 3월 24일, 한국에너지 공대법은 내가 대표 발의한 지 약 5개월 만에 국회 본회의의 문턱을 넘었다. 제정법으로는 이례적으로 빠른 속도였다. 여야 대치와 서울시장 선거를 앞둔 정치 상황에서 법안처리가 쉽지 않을 것이라는 세간의 우려에도 불구하고, 여야 합의를 통해 3월 처리를 성사시켜, 2022년 3월 '문재인 대통령의 임기 내 개교'라는 목표를 기적적으로 실현하게 되었다.

2022.3.2.
한국에너지공대 첫 입학식 및 비전 선포식.
이날 대학과 산업부, 전남은 '2050년까지 에너지 분야 글로벌 톱10 달성'
및 '글로벌 에너지 허브'가 되겠다는 포부를 밝혀서 특별한 의미를 더했다.

한국에너지공대 조감도

부당한 정치탄압을 뚫고
세계 탑 10의 꿈에 도전하다

|

현재, 한국에너지공대에는 많은 어려움이 닥쳐 있다. 내 입장에서는 어떻게든 한국에너지공대를 지켜야 한다는 절박함으로 이리 뛰고 저리 뛰고 있지만 윤석열 정부의 한국에너지공대 탄압은 쉽게 가시지 않고 있다.

윤석열 정부는 취임하자마자 전 정부 지우기에 골몰해 왔다. 가장 황당한 일이 전 정부에서 정책적으로 결정한 내용을 사법적으로 처리하는 일을 해온 것이다. 대표적인 것이 원전 사업 수사다. 이 일은 이미 문재인 정부에서 시작된 일이다. 생각하면 정말 기가 막힌 일이다.

정책적인 결정을 사법적으로 판단할 수 없다는 것은 정치에서 상식에 속한다. 왜냐하면 정책적 가치라는 것은 일종의 판단의 범위에 들어가는데 판단의 범위를 어떻게 처벌할 것인가?

만약 '왜 신재생 에너지 정책을 선택했는가?' 하는 물음을 시작으로 이 정책을 채택한 것을 처벌할 수 있을까? 그건 불가능하다. 정책이란 그런 것이다. 만에 하나 이 신재생에너지 정책을 추구하면서 관련 업자에게 돈을 받았다면 그건 뇌물죄로 처벌하면 된다. 하지만 그 정책 자체를 사법적으로 판단할 수는 없는 것이다.

한국에너지공대에 대한 윤석열 정부의 시각도 똑같다. 한국에너지공대는 미래 에너지 산업을 이끌어갈 핵심 인재들을 키워내기 위한 목적임에도 불구하고 전 정권의 공적 지우기에 혈안이 된 감사원과 산업자원부는 흔들기에 나서고 있다.

우선, 윤석열 정부는 감사원 감사를 통해서 한국에너지공대의 설립에 대한 적법성을 검토하겠다고 한다. 그러나 이는 앞에서 설명했지만, 국회에서 여야의 합의로 상임위를 거치고 법사위와 본회의를 통과한 특별법에 의해서 설립된 대학이다.

국민의 대의기관인 국회에서 합의한 특별법에 의해 설립된 대학의 적법성을 따지겠다는 것은 국회의 입법권에 대한 도발이며 전 정부의 시책에 대한 정치적 탄압 이상도 이하도 아니라고 생각한다. 감사원의 감사에 이은 산업부의 감사 역시 한국에너지공대 설립과 운영에 대한 흠집 내기 차원의 표적 감사라는 사실은 삼척동자도 다 아는 사실이다.

개교한 지 2년도 안 된 신생대학이 자리 잡는 데는 최소한의 준비 기간이 필요한 것 아닌가? 그럼에도 감사원의 감사에서 설립 적법성에 대한 아무런 문제점을 적발하지 못하자 정부는 산업부의 감사를 통해 내부규정도 마련되지 않은 신생대학의 사무적인 실수와 미비점을 들춰내면서 시정을 요구하는 것이 아니라 아예 총장을 해임하라고 요구하고 있다.

또 한편으로는 정부는 당초 1588억 원으로 확정된 한전 계열사의 출연금을 1105억 원으로 대폭(30.4 퍼센트) 삭감하고 24년도 정부출연금도 전년 대비 250억 원에서 33.2 퍼센트나 삭감한 167억 원으로 감액하면서 한국에너지공대에 대한 어깃장을 놓고 있다. 한편으로는 경영진의 공백을 조장하고 한편으로는 재정지원을 목조르기 하면서 학교 운영의 근간을 흔들고 있다.

이러한 전방위적인 윤석열 정부의 전방위적인 정치탄압에도 불구하고 한국에너지공대의 운영실적을 살펴보면 지난 2년간의 성과는 가히 기적에 가깝다. 우선, 지난해 학생모집에서 정시 모집의 경쟁률이 60대 1이라는 기록적인 경쟁률을 기록했을 뿐 아니라 학력의 수준이 서울대 공대를 능가하는 전국 최상위 인재들이 지망했다고 한다. 한국에너지공대에 대한 위상과 미래비전에 대해 학생들이나 국민들이 충분히 공감하고 있는 결과라고 생각한다.

대학의 교수들이 확보한 연구비 수주 규모도 22년 교원 1인당 평균 2.8억 원의 실적을 쌓는 등 기존의 특성화대학과도 뒤지지 않는 실력을 유감없이 발휘하고 있음을 보여주고 있다. 이외에도 대학은 미국의 MIT공대, UC버클리와 국제 공동연구를 진행 중에 있고 독일의 프라운호퍼 협회와 함께 나주캠퍼스에 수소 에너지연구소를 설립하는 등 세계적 권위 있는 대학, 연구소와 어깨를 겨루며 선의의 경쟁과 협력하고 있다 하니 얼마나 대견한 일인가?

나는 대학을 처음으로 제안하고 특별법을 대표발의한 사람으로서 대학의 가능성에 대한 무한한 관심과 책임을 느끼고 있다. 2021년 국회 예산결산특별위원회 계수조정 소위원으로 활동하면서 한국에너지공대 설립 기본계획에 반영된 국비지원 기준을 250억 원으로 확정한 것이나, 2022년 정부 R&D 예산으로 확보한 초전도체 시험설비 구축을 위한 예산(485억 원)은 한국에너지 공대의 안정적인 정착을 위한 든든한 기반이 될 것이다.

특히, 지난 12월 12일 나주에서 열린 2023 인공태양 포럼은 국회에서 확보된 예산으로 구축 중인 초전도체 시험설비를 기반으로 '꿈의 에너지'로 불리는 핵융합에너지 실용화를 위한 핵심기술 연구의 중심지로서 자리 잡아 가고 있다는 점에서 실로 가슴 벅찬 일이 아닐 수 없다. 핵융합실증시설의 핵심기술인 초전도체 시설예산이 확보할 수 있었던 것은 핵융합 분야의 세계적 권위자이자 과기부 혁신본부장이셨던 이경수 박사님과 에너지공대 김기만 교수님의 적극적인 조언과 자문이 결정적 계기가 되었다는 것을 말씀드리며 감사드린다.

이와 함께 정부가 추진하고 있는 425억 원 규모의 에너지 신소재 산업화 플랫폼 사업에 이어서 300억 규모의 차세대 그리드센터가 예정대로 구축되면 한국에너지공대는 명실공히 국내 최대의 에너지공학 연구 인프라를 갖추게 될 것이며 전남도와 나주시가 추진 중인 에너지 클러스터가 조성된다면 나주는 세계적 수준의 에너지 인재양성과 연구의 중심지뿐만 아니라 벤처와 창업이 어우러진 에너지 분야의 세계적 실리콘밸리로 성장해 갈 것이라 확신한다.

그런 점에서 한국에너지공대에 대한 윤석열 정부의 정치적 탄압은 그런 점에서 에너지 공대의 가치와 비전을 더욱 튼튼히 해 줄 것이라고 생각한다. 또 한편으로 에너지 공대가 여기까지 올 수 있었던 것은 지방의 어려운 살림에도 불구하고 전남도의 김영록 지사를 비롯한 전남과 나주시의 미래를 보는 혜안과 적극적 지원이 빚어낸 결과가 아닐까 생각한다. 아울러 어려운 정치적 환경에서도 대학설립이라는 어려운 과제를 이렇게 훌륭하게 수행해 낸 윤의준 총장과 대학의 관계자 여러분께도 시민을 대신해서 감사드린다.

2023.9.11.
더불어민주당 당 지도부의 한국에너지공대 현장 시찰.
윤의준 총장이 한국에너지공대의 성과와 현안을 설명 하고 있다.
탁월한 식견을 지닌 윤의준 총장은 '세상에 없는 대학'을
세우고 키워온 일등공신이다.

2023.12.12. 나주시에서 열린 전라남도 인공태양 포럼
국회 상임위 법안 소위가 열려서 아쉽게도 포럼에 참석하지 못했다.
포럼 후 전라남도와 나주시, 한국에너지공대는 국제핵융합실험로 건설 등
핵융합에너지 관련 산업 발전을 위해 7개 기업과 업무협약을 체결했다.

에너지 클러스터가 조성된다면 나주는 세계적 수준의 에너지 인재양성
과 연구의 중심지뿐만 아니라 벤처와 창업이 어우러진 에너지 분야의 세
계적 실리콘밸리로 성장해 갈 것이라 확신한다.

21대 국회 1호 법안,
농어업회의소법을 발의하다

|

농촌이 쇠락하고 농민은 힘을 잃어가고 있다. 농민은 식량안보라는 막중한 국가적 사명을 수행하면서도, 지난 수십 년간 산업화, 고물가 시대의 뒤편에서 희생해 왔다. 묵묵히 인내한 결과가 어떠한가? 지방이 무너지고 경제적, 사회적으로 소외된 채 정책 우선순위와 이슈의 주변부로 밀려나고 있다.

농민운동을 하면서, 지방자치의 일선에 있으면서 오랫동안 무엇이 문제일까 치열하게 고민해 왔다. 우리 농민들에게는 법적 지위를 갖는 '법정 대의기구'가 없다는 결론에 닿았다. 힘 있는 조직력으로 하나 된 단단한 목소리를 내지 못했다. 때로는 아프게 분열됐고, 그렇기에 실패했다.

모든 법안이 중요하지만 임기를 시작한 후 첫 번째로 발의하는 법안의 상징성은 매우 크다. 의정활동의 방향과 철학을 녹여내기 때문이다. 나는 제21대 국회에 입성하자마자 농어업회의소법안을 발의했다.

농어업회의소는 한마디로 약 250만 농림어업인의 '법정 대의기구'다. 변호사법, 의사법, 간호사법과 같이 재벌들에게는 상공회의소법이 있고, 노동자에게는 노조법이, 소상공인에게는 소상공인법이 있듯이 농어업인들의 의사를 지역이나, 품종, 축종 경계를 넘어 이해관계를 정부와 지방자치단체의 정책에 반영할 필요가 있다. 다시 말해, 농어업회의소는 현장의 목소리를 대변하여 농림어업인·농산어촌 정책 과정에서 국가 및 지방자치단체와 대등한 주체로 참여할 수 있는 수단이다.

농어업회의소는 2010년, 이명박 정부에서 시범사업으로 시작되었다. 제1차 시범사업 지역으로 나주가 선정됐다. 나주시는 전국 최초로 농어업회의소 설립 지원 조례를 제정해, 지역 특성에 맞는 다양한 의제를 발굴하며 농업의 새 미래와 변화를 선도하고 있다. 법 제정을 위해 14년간 시범사업만 하고 있는 과제가 또 있을까?

그러나 아직까지도 설립·운영 등에 대한 법적 근거가 없어 농어업회의소의 역할 확립과 적극적인 농정 참여에 걸림돌이 되고 있다. 정부 지원이 없어 사무실 운영조차 제대로 꾸려가기 어려운 현실이다.

이에 문재인 정부는 '농어업회의소법 법적 근거 마련'을 국정과제로 제시했다. 2021년 9월 발의된 정부 입법안은 정부, 농어민단체, 농협, 지역 농어업회의소가 참여한 협의체에서 충분한 의견수렴과 합의를 거쳐 도출됐다. 설립요건을 강화하고 기존조직과 중복된 역할을 해소했으며, 정치적 중립 의무를 부과하는 등 쟁점을 해소했다.

윤석열 정부도 2022년까지만 해도 농어업회의소법에 대해 긍정적인 분위기였다. 윤석열 정부는 2022년 국정감사 당시 때는 "자치분권 강화, 농어민의 정책참여 요구 증가 등, 농정환경 변화에 대응하여 농어업인의 대의기관으로써의 법적 기반 마련 필요성에 공감한다"는 답변을 제출했다. 2023년 6월 법안소위엔 조문별 정부 찬반 의견도 제출했다.

그런데 11월 법안소위에서는 아주 해괴한 일이 있었다. 정부가 다른 법안과 달리 검토 의견조차 제출하지 않은 채 농민단체 이견을 이유로 법제화에 반대한다는 입장을 제시한 것이다. 앞선 국정감사 답변은 단순히 '법 제정 취지에 공감한다'는 취지였으며, 집권 후 1년이 지나 나온 2023년 법안소위 자료는 전 정부의 의견이라는 말도 안 되는 이유를 둘러댔다.

2022년 4월 문재인 정부 당시, 농민단체의 의견을 수렴한 결과 22곳 중 13곳이 찬성했고, 단 1곳만 반대했다. 그런데 입법 공청회를 앞두고 2023년 9월, 윤석열 정부는 농민단체가 반대한다는 이유로 농어업회의소법을 반대했다. 찬반 단체와 근거를 제출하라고 하니, 농민단체가 공식적 표명을 꺼린다며 제출을 거부하고 있다.

양곡관리법에서도 그랬듯이 윤석열 정부의 상투적 수법이다. 또다시 우리 농민들을 갈라치며 분열을 조장하고 있다. 정부가 어떤 의도를 갖고 질문하느냐에 따라 농민단체는 이를 완전히 무시하기 어려운 게 서글픈 현실이다. 명분은 농민단체의 반대라지만, 사실 정부는 농민의 목소리가 커지는 게 두려운 것인지도 모른다.

대체 왜 우리 농민만 스스로를 대표하는 '법정 대의기구'를 가질 수 없나? 도무지 납득할 수 없다. 내가 법안을 준비하면서 가장 부러운 법안이 소상공인진흥법이었다. 「소상공인 보호 및 지원에 관한 법률」에 근거하여 소상공인을 대변하는 유일한 법정경제단체로서 지위를 갖고, 정부의 보조금 지원 근거까지 두고 있다. 이런 소상공인과 비교하면 농어민에 대한 차별이라는 생각마저 든다.

다양한 목소리를 하나로 모아 더 큰 힘을 발휘하고, '법정 대의기구'로 격상하여 농림어업인·농산어촌의 권익을 대변하자는 주장이 대체 왜 문제가 되는지 반문하지 않을 수 없다.

해외사례도 충분하다. 프랑스(1924년), 독일과 오스트리아(1920년대), 일본(1951년) 등 많은 국가들이 길게는 100년 전에 농어업회의소법을 제정하고 성공적으로 운영하고 있다.

국내 토대는 이미 마련되었다. 전국 곳곳에서 이미 전국 27개 농어업회의소가 활동하고 있으며, 정부에 따르면 설립 준비지역도 18개소로 추정되고 있다.

윤석열 정부는 더 이상 '시기상조'를 운운하며 농민을 우롱해서는 안 된다. 농어업회의소 법제화는 김대중 정부에서 처음 논의되고 이명박 정부에서 시작된 법이다. 대체 몇십 년의 세월을 그냥 흘려보낸 것인가?

논의는 이미 충분하다. 20대 국회에서는 법안소위를 통과했으며, 21대 국회에서도 수많은 토론회, 입법 공청회를 거쳤다. 이제 매듭을 지어야 한다. 대한민국 농어촌은 지방소멸의 위기 앞에 위태롭게 서 있다. 이미 많이 늦었다.

2023.4.21.
국회를 찾은 프랑스 농업식량주권부 마크 페노 장관과 농어업회의소의 위상과 역할에 대한 의견을 나눴다. 프랑스 농업회의소는 100년의 역사를 자랑하는 공적기구다. 마크 장관은 농업회의소가 농업계의 발전과 권익향상에 기여해왔으며, 특히 농촌과 지방 현장의 목소리를 중앙정부에 전달하는 크나큰 역할을 한다는 것을 강조했다.

지방에서 대한민국의 미래를 찾다

윤석열 정부가 거부한
쌀값정상화법!

21대 국회 하반기에 나는 신정훈 정치의 출발점이나 다름없는 농민들과의 약속을 이행하고 농업과 농촌에 대한 책임을 다하기 위해 농림축산식품해양수산위원회로 상임위 활동을 변경했다. 농민은 식량안보라는 국가적 사명을 다 하면서도 수십 년간 산업화를 뒷받침하는 저임금 정책과 수출 시장개척을 위한 희생양이었다.

윤석열 정부 첫해인 2022년은 우리 농민에게는 악몽 같은 시간이었다.

1977년 통계 작성 이래 45년 만에 최악의 쌀값 폭락 사태가 발생했다. 2022년 9월, 쌀값은 80킬로그램 기준 16만 3천 원까지 폭락했다. 2021년 수확기 쌀값 21만 4천 원 대비 23.8퍼센트가 폭

락했다. 엎친 데 덮친 격으로 농자재값의 상승으로 쌀농사 소득은
단 1년 만에 22.9퍼센트가 폭락했으며, 통계청이 발표한 지난해 농
업소득은 전년(1,296만 원)보다 무려 26.9퍼센트가 폭락한 948만
원으로 내려앉았다.

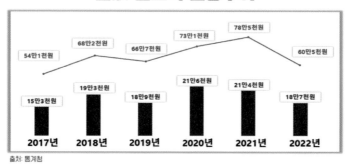

15년간의 쌀값 그래프, 농업소득 그래프

1년 사이 20퍼센트가 넘는 쌀값 폭락과 농업소득 감소는 거의
재앙적 수준이다. 더 비극적인 사실은 이러한 상황에도 불구하고
꿈쩍도 하지 않은 정부의 대책이다. 국정감사 기간 내내 이어진 정
황근 농림축산식품부장관의 태도를 보자. 소득감소가 당연하다거
나 가격안정제가 농업인에게 도움이 되지 않는다는 주장은 귀를
의심케 하는 발언이다. 1년 반이 지난 지금까지도 쌀값 폭락은 문
재인 정부의 탓이란다. 오죽했으면 쇠귀에 경 읽기라고 했겠는가!
나는 문재인 정부 당시 청와대 농어업비서관으로 일하면서 '쌀

생산조정' 정책을 통한 쌀값 정상화 정책을 주도했다. 쌀의 만성적 과잉생산을 사전에 조절하는 생산조정(재배면적 조정)이라는 적극적 수급관리를 통해 쌀값을 정상화하자는 정책은 이미 대통령선거 경선 과정에서 문재인 후보와의 독대를 통해 확정된 농정공약 1호이지만, 신정훈표 쌀정책이라는 사실은 많이 알려지지 않았다.

당시만 해도 2016년 박근혜 정부의 쌀값이 12만 9천 원대까지 폭락해 있었다. 쌀 목표가격보다 쌀값이 떨어지면 차액의 85 퍼센트까지 보상하는 변동직불금이 지급되고 있으니 아무 일이 아니라고 할지 모른다. 그러나 무엇보다 쌀값이 현장에서 무너지고 있으니 지역경제는 물론이고 농업인들의 사기가 말이 아니었다. 이와 같은 상황 속에서 나는 문재인 후보의 제 1농정공약으로 '쌀 생산조정을 통한 쌀값정상화 정책'을 제안했다.

여러 차례의 설명에도 불구하고 받아들여지지 않은 정책 담당자와의 입씨름에 결론을 낸 것은 후보였다. 나의 설명을 들은 후보께서 직접 쌀값 공약의 채택을 지시한 것이다. 이와 같은 과정을 거쳐 확정된 공약에 따라 나는 농어업비서관으로서 200만 톤이 넘는 재고미의 과잉을 해결하는 방안이자 생산조정을 위한 강력한 수단으로 2017년 수확기에는 선제적인 시장격리에 이어 2018년부터 논의 타작물재배를 위한 예산을 확보하여 적극적인 생산조정 정책을 시행하였다.

이러한 정부의 의지와 강력한 생산조정 정책에 힘입어 쌀값은 단숨에 17만 원대를 회복하였고 2020, 2021년 정부가 제시한 목표 가격이었던 21만 원대의 쌀값을 회복하여 역대 가장 성공적인 쌀 값 정상화를 달성하게 되었다. 쌀값의 정상화는 농업인의 사기 진작은 물론이고 1조 5천억 원대에 달하는 변동직불금이나 시장격리를 위한 천문학적인 예산도 절감했으니 누이 좋고 매부 좋은 정책이 아닐 수 없다.

내가 발의한 양곡관리법은 문재인 정부의 쌀값 정책과 이런 실패를 교훈으로 삼았다. 정부의 임의적인 시장격리로 인한 불확실성을 방지하는 한편, 사후적 시장격리로 인한 천문학적인 국가의 예산 낭비를 막고, 선제적 생산조정을 통해 과잉생산을 근본적으로 해결하는 것이 쌀값을 정상화하기 위한 가장 효과적인 정책이라는 것은 자명한 사실이었다. 김진표 의장, 이재명 대표를 비롯해 62명이 발의에 함께했고, 당내 절대적 지지가 더해져 이재명 대표의 '1호 민생법안'으로 추진됐다.

당시 박홍근 원내대표는 민생우선실천단 내 쌀값정상화TF를 설치하고 내게 팀장을 맡겨주었다. 이재명 대표는 쌀값 폭락에 대한 적극적인 발언을 통해 여론을 설득해 주었고 '1호 민생법안'으로 추진될 수 있도록 힘을 실어주었다. 국회의 역사든 민주당의 역사든 농업인의 문제가 이처럼 적극적이고 뜨겁게 최대현안으로 부각되고 추진된 사례는 지금까지 없었을 것이다.

그러나 쌀값정상화의 길은 험난했다. 국민의힘은 '이재명하명법', '양곡공산화법'이라는 프레임을 씌워 정쟁의 도구로 덧칠한 다음 상임위의 안건조정위원회, 법제사법위원회 심사 지연 등을 통해 지연전략을 구사했다. 이러한 상황에서도 당 지도부의 강력한 뒷받침으로 양곡관리법은 국회법의 절차에 따라 한 단계, 한 단계 전진을 거듭했다.

마침내, 양곡관리법은 법제사법위원회를 우회하고 여야 원내대표 합의 없이 본회의에 직회부 절차를 거쳐 통과된 최초의 법안으로 기록되었다. 양곡관리법 본회의 통과는 수세투쟁에 이어 농민과 하나 되어 한 걸음씩 이뤄낸 자랑스러운 승리의 역사다. 그러나 윤석열 정부의 답은 이미 정해져 있었다. 끝끝내 윤석열 대통령은 양곡관리법 개정안에 대한 제1호 거부권을 행사했다.

강조하지만 양곡관리법은 쌀 생산조정 병행을 통한 무조건 수매법이 아닌 남는 쌀 방지법이며 시장격리 최소화법이다. 즉 재정당국의 개입과 정부의 자의적 판단에 따른 농민 피해를 막을 수 있는 제도를 마련하자는 것이지, 매년 시장격리를 하자는 게 아니다.

안타깝게도 양곡관리법은 대통령의 거부권 행사로 입법은 좌초됐다. 그러나 모든 노력이 수포로 돌아간 것은 아니다. 우선 쌀 생산조정 필요성이 정부 내에서도 확산되어 관련 예산이 대폭 증액되고 있다. 윤석열 정부가 처음 국회에 제출한 전략작물 직불제 예산은 단 720억 원에 불과했다. 실효성이 낮았고 총체적인 부실투성이였다. 이에 직접 예산 증액안을 설계해 당시 박홍근 원내대표, 김성환 정책위의장 등 지도부를 만났고 필요성을 호소했다. 쌀값정상화 관련 예산은 마지막까지 민주당이 핵심 예산으로 분류하여 노력한 결과 윤석열 정부에서 400억 원이 넘는 예산 증액이라는 이례적 성과를 거뒀다.

내가 지속적으로 제기해온 선제적 수급관리 쌀 생산조정의 필요성도 정부가 대폭 수용했다. 윤석열 정부는 3월, '2023년 쌀 적정생산 대책'을 발표하고 쌀 수급 안정과 쌀값 안정을 위한 벼 재배면적 조정에 총력을 다할 계획이라고 발표했다. 사후적 시장격리의 한계를 정부가 인정하고, 구조적인 공급과잉 완화 및 적정생산 유도를 위한 논 타작물 강화 등을 추진하겠다는 입장을 밝힌 것이다.

특히 2023년 적정 벼 재배면적을 69만 헥타르로 보고 전년 72만7천 헥타르 대비 3만7천 헥타르를 줄인다는 구체적인 목표까지 이끌어냈다. 만약 예산 반영과 적극적인 생산조정이 없었다면 2023년 20만 원대 쌀값 회복조차 요원했을 것이다. 이는 결국 문재인 정부 당시 시행됐으나 재정당국의 반대로 중단됐던 논 타작물 재배지원 필요성이 정권을 넘어 승계됐음을 보여준다.

그러나 이것만으로는 부족하다. 윤석열 정부는 양곡관리법 거부권으로 성난 민심을 달래기 위해, 2023년 수확기 쌀값 20만 원을 마치 생색내듯 내던졌다. 이마저도 목표가격이나 보장가격은 아니라고 못 박았다. 심지어 11월에는 회복되던 쌀값이 하락세로 전환되며, 정부가 그토록 자신만만하게 내세우던 20만 원 저지선조차 무너졌다.

윤석열 대통령의 거부권 행사에도 민주당은 즉시 양곡관리법 재추진을 발표했다. 기존 정부의 거부감이 심한 시장격리 의무화 조항은 삭제하면서 인내심을 가지고 노력해 볼 생각이다. 나는 생산자의 이익 보호와 식량안보를 양곡관리법의 목적에 명시하고, 생산비와 물가인상률을 고려한 양곡가격보장제 도입, 의무수입쌀의 국내 방출 제한, 정부양곡 수급관리 강화, 양곡수급관리위원회 실효성 제고, 타작물 재배지원 등 쌀값정상화뿐 아니라 식량안보를 위한 종합적인 대책을 마련해 법안을 다시 발의했다.

단순히 거부권이 행사된 법안을 반복하는 데 그치지 않고, 더 많은 소통과 연구를 통해 농민의 가슴을 멍들게 하는 30년 쌀값 전쟁에 종언을 선언하기 위한 대안을 담았다. 윤석열 정부는 쌀값 관리에 실패했음을 이제라도 겸허히 인정하고, 민주당이 제안하는 양곡관리법에 대한 전향적 입장을 보여야 한다. 대한민국이 경제대국으로 성장하기까지 묵묵히 헌신해온 농민들에게 이제라도 선진국에 걸맞은 정부의 의무를 다하는 것이 마땅한 도리다.

쌀값정상화 투쟁은 끝나지 않았다. 농민의 값진 땀방울이 정당한 대우를 받는 그날까지.

2023.4.4.
2023년도 대정부질문 경제분야.
한덕수 국무총리에게 양곡관리법에 대해 질문했다.

2023.3.23.
양곡관리법 개정안 국회 본회의 통과.
쌀값정상화를 위해 대표 발의한 양곡관리법이
야당의원들의 압도적 지지로 국회를 통과했지만
대통령의 거부권으로 끝내 무산되었다.
결코 잊을 수 없는 날이다.

지방에서
대한민국의
미래를 찾다

2장

시간과 기억의 강가를 거닐며

서울의 봄에 대한 추억,
서울 미문화원을 점거하다

|
|

    대입 학력고사를 마치고 어느 대학을 갈까 고민하고 있었던 82년 초였을 거다. 아버지께서 늘 품에 안고 살았던 막내아들에게 물으셨다. "아가! 니는 어느 대학을 생각하고 있느냐?" 실력을 유감없이 발휘한 성적은 아니었지만 그만해도 대견하다는 듯이 아들의 '인서울' 대학의 진학을 낙관하고 계신 듯했다. 아버지의 질문에 나도 모르게 나온 대답이 "고대 정치외교학과를 가고 싶습니다" 였다. 순간 무슨 큰 충격이라도 당한 것처럼 아버님의 반응이 싸늘했다. "안된다. 정외과는 안 돼!" 워낙 완고한 표정이라 아무런 반론도 펴지 못했다. 그리고 며칠 후 아버지의 '우려'를 우회하여 선택한 진로가 고대 신문방송학과였다. "아버지 취직 잘 되는 학과랍니다"라고 덧붙인 말에 어느 정도 안도의 숨을 쉬시는 듯했다.

아버지에게도 아들인 나에게도 80년 광주는 늘 마음속의 무거운 짐이었던 모양이다. 취직 잘 된다는 학과에 진학했지만 나의 대학 시절은 운명적으로 한 걸음씩 광주의 진상규명에 빠져들고 있었다. 잔악한 학살자들이 권력을 찬탈해서 대통령을 자처하고 있는 나라를 반드시 바꾸어 내겠다는 결심이 여물어 갈 무렵에 85년 5월이 왔다. 결과적으로 보면 나의 '미문화원 점거사건'은 이미 광주의 5월에서 잉태되었을 것이다. 그럼 우리는 왜 미 문화원을 점거했을까?

당시 '광주학살'은 5공화국 전두환 정권의 '금기어'였다. 미국도 마찬가지였다. 미국 역시 '광주'라는 단어는 절대 입에 올리지 않았다. 그러나 신군부가 휴전선을 지키는 전방의 전투병력을 광주에 투입하고 무도한 학살을 자행할 수 있었던 건 든든한 배후가 있었기에 가능했다는 것은 이미 공공연한 비밀이었다. 그 배후는 미국이었다. 이처럼 광주의 5월은 전두환 정권에도 미국에도 숨기고 싶은 아킬레스건이었을 것이다.

잘 알려진 것처럼 '미문화원 점거농성사건'은 85년 5월 23일, 5개 대학 학생 73명이 미국문화원을 점거하고, 광주학살의 진상규명과 그 책임자를 처벌하고, 광주학살에 책임을 지고 미국은 한국 국민 앞에 사과할 것 등을 요구하며 싸웠던 3일간의 점거 농성투쟁이다. 20대 초반의 학생들이 서울 한복판에서 벌인 미국과의 싸움은 용의주도했으며 당당했다. 그들의 목소리는 워싱턴포스트와

르몽드, NHK 등 세계 유수의 언론과 통신사를 통해 광주학살의 진상규명을 요구하는 강력한 메시지로 전달되었으며 전두환 정권 몰락의 신호탄이 되었다.

당시 우리의 법정투쟁에는 동교동과 상도동을 대표하는 40명 규모의 초대형 변호인단이 꾸려졌다. 변호인단 중 가장 열성적이었던 박찬종 변호사는 세월이 흐른 뒤 1985년 미문화원 점거농성사건의 의미를 이렇게 평가했다. "전두환 군부정권 출범 이후 강권 통치에 숨을 죽이던 학원가에서 대규모 반정부 운동이 일어나는 결정적 신호탄이 되었고, 이후 학내외의 민주화운동에 불길을 댕겨 1987년 6월항쟁을 끌어냈다."

법정에서는 학생들과 변호인, 검사 간에 불꽃 튀는 공방이 벌어졌는데, 공교롭게도 주 공격수인 피고인 신정훈, 변호사 신기하, 검사 신광옥이 모두 광주 출신으로 흔치 않은 영산, 영월 신씨의 집안 일가였다. 그래도 나는 추호도 흔들림 없이 당당하고 논리 정연하게 우리의 정당성과 군부독재 정권의 폭압 통치에 대해 비판했다.

"미국은 한국민에게 공개 사과하라!"

당시 학생운동 내에서는 '해방 후의 역사와 광주학살에서 미국의 역할을 어떻게 평가할 것인가?'가 중요한 논쟁거리였다. 점거 투쟁을 계획할 초반에는 다수의 학생들이 "양키고홈"이라는 선명한 투쟁을 선호하는 분위기였지만 우리의 판단은 신중했다. 치열한 토론 끝에 "미국은 물러가라"가 아닌 "미국은 사과하라"로 모아졌다. 당시로써는 국제사회를 상대로 한 공개적인 투쟁인 만큼, 국제적 여론과 국민들의 의식 수준에 맞게 목표를 세우고 투쟁해야만 여론의 지지를 얻을 수 있다고 생각했다.

나는 학생운동 시절부터 확고하게 두 가지 원칙을 세웠다. 하나는 절차와 과정의 정당성이며, 대중의 의식 수준에 맞는 목표와 대의명분이야말로 대중운동의 승리의 원동력이라고 생각했다. 미문화원 점거농성 때도 우리는 그 원칙을 지키려 했다.

부산 미문화원 방화사건이 과격한 선도 투쟁으로 비판받았던 것을 생각하면, 레드컴플렉스가 여전한 한국 사회에서 미국을 상대로 미문화원 점거농성이 국민적 공감과 지지를 얻기 위해서는 과격한 테러와 같은 이미지를 탈피하는 것이 필요했다. 미문화원 점거농성 투쟁이 합법적이고 평화주의 원칙으로 추진되었기 때문에 훨씬 더 큰 공감과 반향을 일으키면서 국제적 관심과 공분을 이끌어낼 수 있었고 마침내 1987년 6월 항쟁의 정치적 환경을 만들어낼 수 있었다고 생각한다.

우리가 미문화원 점거농성사건을 통해 얻은 게 있다면 전두환 정권이 '광주사태의 전말'이라는 말을 하도록 만들었다는 것이다. 전두환 정권은 그때까지 어떤 자리에서도 광주를 입에 올리지 않았다. 그랬던 그들이 처음으로 국회 국방위원회에서 '광주사태

전말'이라고 답변을 했다. 광주항쟁이 지나고 5년이나 흐른 시점이었다.

미국 역시 당시 주한미국대사를 통해 '광주는 한국 내부의 문제이므로 미국은 전혀 관여치 않았다'는 공식적인 발언을 하게 된다. 미국이 광주항쟁 과정에서 어떤 역할을 했는지는 나중의 문제고 미국이 '광주'라는 단어를 공식적으로 처음 언급했다는 것 자체가 당시 우리에게는 큰 성과였다.

이처럼 1987년 시민항쟁의 직접적인 도화선이 된 것은 박종철 열사의 고문치사 사건이지만 우리의 투쟁 역시도 그런 역사를 만들어내는 하나의 마중물이 되기에 충분했다고 나는 자부한다. 그리고 1987년 6월 항쟁이 직선제 개헌으로 귀결되면서 그동안 억눌린 노동자들의 대투쟁이 이어졌다. 이러한 사회 분위기가 아니었다면 나주의 수세 싸움도 쉽지 않았을 것이다.

나는 대한민국 민주화를 위한 마중물로 앞장서 싸웠고 이후 석방되면서 사회 분위기의 변화에 따라 수세 싸움을 시작할 수 있었고 그 수세 싸움을 통해 농민의 힘을 온몸으로 체험했다. '미문화원 점거농성사건'으로 구속된 20명 중에서 내가 거의 유일하게 고향으로 돌아가 농민들과 함께 정착하고, 전국적인 수세 싸움을 승리로 이끌 수 있었던 것도 결과적으로 보면 사회의 변화와 민주화였다. 그리고 나는 최소한 '광주'에 대해 나의 책임을 다하려 노력했다.

1985.5.23.
미문화원 점거 후
우리는 경찰에 포위되었고
72시간 경찰과 대치하였다.

1985.5.27.
미문화원 점거농성을 해산하고 경찰에 연행 중에
창 밖 시민을 향해 미국의 공개사과 요구를 외쳤다.
(한국일보 호외판)

나주 수세싸움으로
만석보의 한을 품다

수세(水稅)란 당시 농민조합원이 '농지개량조합'에 납부하는 조합비였다. 명칭만 조합비였지 실상은 농사에 사용하는 물값이어서 농민들은 '수세', '물세' 이렇게 불렀다. 당시 전국의 농민들이 낸 수세가 어림잡아 1년에 대략 970억 원이 넘었고 나주 농민들의 수세만 해도 29억 원이었으니 당시의 쌀농사를 짓는 농민들에게 부과되는 가장 과중한 세금 아닌 세금이었다.

당시만 해도 정부에서 수출주도형 산업정책을 뒷받침하는 저곡가 정책을 펼치고 있었기 때문에 물세는 낮은 쌀값과 함께 농업인들에게 이중삼중의 고통이었다. 더구나 우리 농업인들은 예로부터 쌀농사에 익숙해 있기 때문에 나름대로 하천수나 저수지 등 농업용수에 대한 다양한 자구책을 가지고 있었던 터라 자신의 농지가

지방에서 대한민국의 미래를 찾다

농지개량조합 구역에 강제로 편입되어 부과되는 수세는 그야말로 농민수탈의 상징적인 수단이었다.

역사적으로 보면 '수세'는 동학농민항쟁을 떠올리게 한다. 100년 전 전라북도 고부군수 조병갑은 농민들이 만들어 사용하고 있었던 기존의 보(하천을 가로지르는 물막이) 위쪽에 새로운 보를 쌓고 말도 안 되는 수세를 부과하면서 동학농민봉기의 발단을 제공했다. 수세가 얼마나 오랜 기간 농민들을 괴롭힌 혈세였는지 짐작할 수 있는 대목이다. 그 이후 일제 강점기에 다시 수리조합의 조합비로 부활한 수세가 근 100년 동안이나 농민들을 수탈하고 있었던 것이다. 이처럼 농민들의 고혈을 빨아먹는 수세는 나의 농민운동의 출발점이 되었다.

당시 대학에는 '현장 속으로'라는 큰 흐름이 있었다. 그때의 자세한 상황까지는 알지 못했으나 많은 선후배들이 주로 노동현장으로 들어갔다. 그중에서 농민운동에 투신한 사람은 전국적으로 손에 꼽을 정도였다. 내가 감옥생활을 하던 당시 '농민운동'을 하겠다는 나의 얘기에 친구들은 나를 이상한 사람처럼 쳐다보기도 했다. 지금도 그렇지만 그때도 농촌은 청년들의 등 뒤에 있었지 앞에 있지 않았다. 나는 그런 상황에서 내 고향을 선택했고 수세 투쟁의 길로 들어섰다.

그 당시 내가 수세 싸움에 참여할 수 있었던 배경에는 영산포성
당을 빼고 설명할 수 없다. 나는 1987년 7월 마산교도소에서 출소
한 후 고향으로 돌아와서 너무 지친 몸을 추스르느라 한동안 집안
에 누워 있을 수밖에 없었다. 교도소 안에서의 잦은 단식투쟁으로
나의 몸은 정상적인 상태가 아니었다.

그런 나에게 영산포성당에서 활동하고 있었던 청년들에게서 연
락이 왔다. 그 인연을 계기로 나는 영산포성당을 자주 드나들었다.
당시 성당은, 농민 문제를 고민하던 청년 모임의 근거지가 되고 있
었다. 이건 농촌만 그런 것은 아니었다. 실제 서울에서도 사회운동
의 상당수가 교회나 성당 속에 있었다. 그때는 최소한 그런 보호막
이 없었으면 달리 피할 길이 없었다.

1987년 10월 말, 우리는 수세거부운동을 위해 철저히 '농민대중
속으로'를 실천해보기로 했다. 준비도 단단히 했다. 모든 유인물과
교육 자료집도 우리가 책임지고 만들었다. 나는 마을 단위로 조직
해가는 전략을 염두에 두었다.

우선 면 단위별로 강사 겸 선전을 맡을 담당자를 정했다. 저마다
자기가 맡은 마을 현장으로 들어가 농민들에게 수세의 부당성을
알리기로 했다. 이 마을에 가면 강사가 되었고, 저 마을에 가면 선
전대가 되었다. 이 마을에서는 벽보를 붙였고, 저 마을에서는 서명
을 받았다. 그렇게 흩어졌다가 읍내 사무실에 다 모여서 다른 지역
의 수세거부운동 사례와 수세 관련 자료들을 모았다. 청년들의 힘

으로 나주지역의 수세 사례가 처음으로 조사되기 시작했다.

그 과정에서 노안 금암리에 사시는 임종환 어르신은 마을 뒤쪽에 있는 시남저수지의 수세를 폐지하기 위해 수년간 중앙정부를 상대로 싸우고 계셨다. 왕곡면 화정리의 박승동 어르신이나 세지 내정리 이득선 어르신, 영산포 오량리 나순옥 어르신, 남평 우산리의 송현기 어르신의 경우도 마찬가지였다. 12월 29일 농민대회에서 임종환 어르신과 나순옥 어르신이 함께 만세삼창을 외쳤다. 그분들은 수십 년 체증이 풀리는 통쾌함과 억눌렸던 감정을 터뜨리는 해방감을 느꼈을 것이다.

농민들의 정서는 점차로 '농사를 지었으면 물값을 내야지'에서 '그만큼 뜯어갔으면 됐제! 우리가 봉이냐?'로 바뀌었다. 관(官)에 대해 은근히 기가 죽었던 농민들은 이제 당당하게 자신의 이름을 직접 쓰고 도장을 찍었다. 사고의 전환, 의식의 변화가 시작된 것이다. 그해 겨울, 우리는 나주의 북쪽 끝인 남평읍 우산리부터 남쪽 끝인 동강면 대지리까지 200여 개 마을을 자전거와 오토바이를 타고 쉬지 않고 다녔다.

우리가 다녀간 뒤에는 마을과 면별로 수세 거부 대책을 결의했고, 동시다발적으로 대책위원회를 결성했다. 수세거부운동 결의 서명서가 만들어지고, 마을총회 결의문이 만들어졌다. 이런 방식은 내가 평소 생각하던 대로, 대중의 수준에 맞추어 하나하나 바닥부터 차근차근 결의가 시작되어 위로 모인 것이다.

12월 12일 드디어 군 단위인 나주 수세거부대책위원회(위원장 박상진)가 결성되었다. 청년들이 핵심적인 일을 맡기로 했다. 내가 총무를 맡았고, 박선재 형이 조직부장을, 주향득이 홍보부장을, 이재덕이 대외섭외부장에 선임되었다.

영산포 성당에 모였던 청년 모임 멤버들은 그렇게 나주농민운동의 핵심 실무진으로 성장했다. 나는 학생운동에서 농민운동가로 자연스럽게 변화되었다.

1987년 12월 노태우가 대통령으로 당선되자 우리는 부정선거 규탄시위를 했다. 우리는 대선 패배의 분노를 수세 투쟁으로 모아내기로 했다. 우리의 수세는 단순한 민생이 아니라 권력의 문제이고 정책의 문제이기에 수세 문제로 농민을 조직하는 것이야말로 군사정권과 투쟁하는 것이라고 생각했다.

수세 교육을 진행하고 집회를 준비하면서 힘들었던 점은 농민들을 하나로 모을 구호를 만드는 일이었다. 농사밖에 모르는 순박한 농민들이 처음으로 관에 대한 두려움을 떨쳐내고 당당하게 맞설 때 그것을 이끌어낼 구호로 무엇이 좋을까?

"수세 못 낸다!" "수세 반대!"를 몇 번씩 외쳐 봤지만 한 번씩 따라 하던 어르신들이 어색해했다. 나름 진지한 구호 제창에 웃음바다가 된 적도 많았다. 단어 선택에 몇 날 며칠을 고심한 나는 마침내 우리 정서에 적합한 구호를 만들어내는 데 성공했다. 바로 "못내 못내 절대 못내, 부당수세 절대 못내!"였다. 우리의 전통 가락인 삼채가락에 맞춰 만들었다. 이 구호는 급속도로 농민들에게 퍼져나갔다.

12월 29일, 나주성당에서 열린 나주농민대회는 나주수세거부 운동의 전환점을 찍는 사건이 되었다. 나주 농민들의 결집한 힘을 보여줄 이른바 '부당 수세거부 나주 농민결의대회'였다.

대회장인 나주성당 주변에 1만 명이나 되는 사람들이 모였다. 어마어마한 군중의 수에 참가한 농민들도 놀랐고 대회를 준비한 우리도 놀랐다. 아마도 87대선 직후 김대중 후보의 패배에 낙심한 지역 주민들의 허탈한 정서가 남아 있었을 것이다. 나는 주향득과 함께 농민대회 공동 사회자로 집회를 이끌었다. 그렇게 시작한 진행은 1988년 4월 전북·남 수세대회 때까지 이어졌다.

농민들은 "부당수세 폐지하라!" "농지개량조합 즉각 해체하라!" "수리청을 만들어라!"라고 외쳤다. 농조 나주지소에 도착한 시위대는 수거된 고지서 수만 장을 농조에 반납하고 당시 나주에 와 있던 조합장으로부터 수세를 강제로 징수하지 않겠다는 언약을 받아냈다.

이날 농민대회를 계기로 나주는 전국 수세거부운동의 중심이 되었다. 수세 문제에 대한 사회적 관심이 커졌고, 언론들도 관심을 두기 시작했다. 농촌 지역 어디를 가도 농민대회와 수세는 큰 화젯거리였다.

이후 나주농민회 집행부는 특별기구 형태인 '수세거부대책위원회'를 '수세폐지대책위원회'로 변경했고, 대표 구호도 "수세 폐지, 농조 해체, 수리청 신설"로 정했다. 1988년 11월 11일 '전국수세폐지대책위원회'가 결성되었고, 갑오농민군의 고장인 정읍의 이수금 회장이 위원장을, 내가 사무총장격인 총무를 맡게 되었다. 그렇게 나주는 수세거부운동의 상징이 되었고 점점 내 역할도 커졌다.

1989년 2월 13일, 여의도 농민대투쟁을 통해 수세는 300평당 나락 5킬로그램의 현물로 대체되었다. 1987년까지도 한해 923억 원에 달하던 수세가 총 197억 원으로 내려간 것이다. 그리고 지속적인 수세 폐지 운동의 결과 1997년에 완전히 폐지되었다. 수세거부운동을 하지 않았다면 이때까지 농민들이 23~28킬로그램의 수세를 냈다고 가정할 경우 그 금액은 수조 원이 넘는다. 실로 어마어마한 경제적 성과가 아닌가!

수세거부운동이 남긴 가장 큰 성과는 농민들의 의식이 바뀌었다는 점이다. 관을 향한 두려움을 극복한 농민들은 스스로 문제를 깨닫고 해결의 주체로 나서기 시작한 것이다. 수세거부운동 이전까지는 농민운동이라 하면 소수 활동가의 전유물이었지만, 나주 수세거부운동은 이런 한계를 극복했다. 수세거부운동을 경험하며 조직된 농민회는 대중조직 건설의 모범이 되었다.

또 하나의 성과는 농지개량조합의 장악이었다. 수세거부운동의 힘으로 1989년 4월 1일 '농조 육성에 대한 특별조치법'이 개정되어 조합장이 임명제에서 대의원선거제로 바뀌었고, 장기채를 완전히 탕감할 수 있게 되었다.

역사를 거슬러 올라가 생각해 보면 갑오농민전쟁의 도화선이 된 이유도 만석보의 '수세' 때문이었다. 아쉽게도 동학농민군은 우금치 고개에서 막혔지만, 나주 농민들은 여의도까지 진출하지 않았는가! 마침내 농민들의 수세는 폐지되었고, 농민들의 수세로 운영되던 농지개량조합은 국가가 운영하는 한국농어촌공사가 되었다. 그리고 10년이 지난 후 의왕에 있던 농어촌공사의 본사는 나주혁신도시로 이전하게 되었다. 이로써 동학농민운동으로 시작되어 100년간 이어진 호남 농민들의 수세 투쟁은 막을 내린다.

아내 주향득은 '수세 동지'다.
87년 12월 29일 나주성당에서 열린
1차 수세거부 나주농민대회에서 구호를 외치고 있다.

2017.12.29.
나주 수세거부운동 30주년 기념식.
감히 평가하면, 87년 나주 수세거부운동은
해방이후 처음으로 단일한 과제에 대해
최대 규모의 농민대중이 자발적으로 참여한
역사적 운동이었다고 자부한다.

무소속 농민후보로
호남정치에 도전하다

ㅣ
ㅣ

1987년 수세 투쟁으로 시작한 농민운동이 수세 폐지와 농어촌 공사의 설립으로 농업용수 관리가 일원화되면서 전남지역에서의 농민운동의 성과와 위상은 크게 달라졌다. 이러한 시점에서 김대중 총재의 단식으로 쟁취한 지방자치는 농민들의 정치적 요구를 실현하기에 좋은 정치적 환경이 되었다. 나는 지방자치라는 제도를 활용해서 농민들의 목소리를 반영할 수 있다면 훨씬 더 효과적으로 성과를 낼 수 있다고 생각했다.

1995년 제1회 지방선거에서 전남도의회 의원으로 출마할 때부터 나주시장 재선에 당선된 2006년까지 나는 4차례에 걸쳐 무소속 신분으로 선거를 치렀고 지방자치 일꾼이 되었다. 아마 전라도의 정치환경에서 30대라는 약관의 나이에 나의 무소속 정치는 전 무후무한 기록이 될 것이다.

내게 정치는 단순히 나의 정치적 입지를 다지는 것이 목적이 아니라 예전부터 계속해 왔던 힘없는 약자들의 목소리를 대변하는 일이다. 전라도에서 민주당의 공천이 개입한 선거는 애초에 공정한 경쟁이 아니었다. 불공정한 경선을 통해 당선된 정치인들은 자신을 선택해 준 주권자의 목소리를 무시하기 일쑤였다. 비록 소극적인 저항이었지만 오로지 민심에 의지한 민생을 위한 정치를 하겠다고 다짐한 것이 신정훈의 무소속 정치였다. 나는 이런 초심으로 1995년 정치를 시작했다.

지역주의 척결을 가슴에 품고 있었던 나는 2000년에 노무현 의원이 종로를 버리고 부산에서 출마했을 때 참 신선하다고 생각했다. '아! 저런 정치인이 있구나. 내가 생각하는 삶과 비슷하게 가는구나. 저 사람은 또 다른 내가 아닌가!' 이런 감동으로 노무현 대통령이 선거에서 떨어졌을 때, 광주 선배들이 노무현 의원을 초청해서 격려하는 자리에 달려갔다. 그때 다리를 다쳐 병원에 입원해 있었는데도 목발을 짚고 달려갔다. 약속장소에 가보니 김태홍 의원, 광주의 시민단체 대부인 윤장현 전 광주시장 등이 오셔서 위로하고 격려하고 계셨다. 그날 식사 자리에 같이 참여해 유쾌하게 보냈던 기억이 난다.

내가 도의원 시절, 정치인 노무현은 여의도에서 '지방자치실무연구소'를 운영했었다. 연구소를 운영하면서 지방자치 현장에 관한 이론을 이해하고 있었기에, 정치인 노무현의 생각이 친숙하게 느껴졌다. 기본적인 정치철학이 비슷했다. 특히 행동으로 지역주의 타파에 헌신했다는 걸 알기에 동지처럼 느껴졌다.

그가 대통령으로 당선된 후 국가균형발전정책이 기대되었다. 지방에도 희망이 있는 나라를 만들겠구나, 하는 바람이 생겼다. 노무현 정부와 나주시는 기본적으로 코드가 맞았다. 나의 기대와 생각의 방향도 일치했다. 사실 공적인 관계로 보자면, 중앙정부와 지방정부인 나주시 사이에 특별한 관계를 내세울 수는 없었지만 나는 참여정부의 정책을 응원하고 신뢰했다.

나주시에서는 참여정부 정책인 지방균형발전의 시범 지역이 되려고 노력했다. 그 노력으로 농촌종합개발사업, 남평 소도읍 선정, 나주시의 낙후지역 선정 등 노무현 정부의 정책과제를 선점하는 결과를 낳았다.

나주시가 참여정부에서 낙후지역(신활력 지역)으로 선정된 것도 우연은 아니었다. 지역균형발전 정책을 펴기 위해서 참여정부에서 낙후지역 지원법을 만들었는데, 나주시가 234개 전국기초자치단체 가운데 낙후도 면에서 173위가 되면서 군 지역보다 더 낙후가 극심한 도시로 분류되었다. 2차 지원에서도 구례, 완도가 탈락하고 나주가 선정되었다. 그래서 다른 군 지역의 반발을 사기도 했지만, 그것은 그만큼 참여정부의 기본 방향을 인지하고 기회를 일찍 포착한 나주시의 노력 때문이었다.

언제나 무소속일 줄 알았던 나는 2014년 상반기 배기운 의원의 의원직 상실로 치러진 재보궐 선거에 전남 나주·화순 국회의원에 도전하면서 새정치민주연합의 옷을 입었다.

다른 사람에게는 입당원서 한 장 쓰는 것에 불과했겠지만 나의 생각은 그렇지 않았다. 내가 4번의 선거에서 무소속으로 당선될 수 있었던 힘은 수세 싸움을 바탕으로 한 지역의 조직이 탄탄했기에 가능했다. 현장에서 땀과 눈물로 농민들과 함께 손잡고 달려왔기에 가능한 일이었다.

그런 나에게 '입당'은 단순한 문제가 아니었다. 어떤 면에서 보자면 '조직된 농민들의 힘' 대신에 '정당'이라는 조직을 선택한다고 볼 수도 있던 문제였다.

솔직히 말하면 일주일은 잠을 못 이룬 것 같았다. 그동안 나와 함께 해준 동지들의 얼굴이 하나하나 떠올랐다. 이미 작고하셨지만 수세 싸움 당시 내 손을 꼭 잡아주시던 여러 어르신들도 생각났다. 그래서 내가 과연 입당해도 되겠는가? 고민을 털어놨다. 실망하는 분도 계셨지만 대부분의 동지들이 '나는 당신을 믿는다'며 격려를 해주셨다. 지금도 내 손을 잡아준 그 많은 분들의 손을 잊을 수 없다.

나에게는 지방자치 동지들, 자치분권 형제들 또한 그냥 무시할 수 없었다. 그들에게 나는 '농민운동을 통해 지역에서 조직으로 선거에 이기고 혁신을 이룬 단체장의 모범'이었다. 입당을 앞두고 자치분권전국연대 1,000여 명의 회원이 같이한 행사에서 포부를 밝혔다. 모두 힘찬 박수로 내 뜻을 존중해줬다. 그날 그들이 보낸 박수는 '당신이 지금까지 해온 길을 볼 때 당신은 충분히 믿을 만하다'는 소리로 들렸다.

우여곡절 끝에 2014년 7월 6일 화순에서 열린 후보자 경선에서 53.0퍼센트의 지지를 얻어, 47.0퍼센트에 그친 행자부 장관 출신 최인기 전 의원을 누르고 후보에 선출되었다. 그 이전까지의 선거에서는 농민조직이 정서적으로 나를 도와주었다고 할 수 있지만, 정당 내 조직이 하나도 없던 나는 조직의 열세를 딛고 경선에서 승리했다.

이제 갓 지천명의 나이였던 나를 민주당의 후보로, 그것도 장관 출신의 전직 국회의원보다 더 높은 지지율로 나를 선택한 것은 내가 그때까지 해온 대중과 함께하는 정치, 농민들을 위한 정치, 지역의 비전을 만드는 정치로 전남과 민주당을 한번 바꿔 보라는 지역민들의 바람 때문이라고 생각했다.

민주당 경선에서 승리한 나는 본선에서도 승리했다. 이제는 중앙 정치에서 농민들의 아픔을 해결하는 정치와 정책으로 농민과 서민의 아픔을 보듬고 민생 해결에 앞장서라는 명령이었고, 내 진심을 알아주는 기쁨이었다.

내가 1995년 도의원 선거부터 2006년 나주시장 재선까지 정당에 입당하지 않고 무소속으로 정치를 할 수 있었던 배경에는 '수세싸움'으로 만들어진 '나주농민들'의 조직과 정서가 함께했다고 생각한다.

만약 내가 그런 경험을 하지 못했다면 호남에서 무소속으로 4번 연거푸 당선되는 것은 불가능했을 것이다. 내가 '수세싸움', '수세폐지운동'을 내 인생에서 가장 중요한 대중운동 경험이자 정치 경험으로 생각하는 이유도 바로 거기에 있다. 한편으로 생각해 보면, 한 지역에서 그 지역 주민들 스스로 뭉쳐서 뭔가를 이루는 경험이 얼마나 큰 영향을 미치는지도 새삼 가늠해 볼 수 있다. 수세싸움에서 전국의 중심에 섰던 나주가 바로 그런 지역이었다.

그런 무소속의 경험 이후에 처음으로 정당 소속 국회의원 당선은 나에게도 두려움과 설렘이 교차하는 경험이었고 다시 나의 정치 초심을 생각했다.

1995년 제1회 지방선거에서
전남도의회 의원으로 출마,
득표율 45.6퍼센트로 당선됐다.
전라도의 정치 환경에서
30대라는 약관의 나이에 뛰었던
나의 무소속 정치는
전무후무한 기록이 될 것이다.

2002.6.
나주시장으로 당선되자 정읍농민들께서 달려와
당선 축하선물로 주신 판화.
경운기와 만장을 앞세우고 농민들이 구호를 외치며 서울로 가고 있다.
지금도 의원회관 내 책상 앞에 걸려있다.
판화를 전해주신 농민들을 생각하며 마음을 다잡는다.

나주시장 재임 당시
참여정부 청와대를 방문해
노무현 대통령을 만났다.
노무현 대통령께서 행동으로
지역주의 타파에 헌신했다는 걸 알기에
동지처럼 느껴졌다.

전국 최초로
친환경 학교 급식을 시작하다

나는 태생적으로 지방의 눈으로 세상을 보는 사람이다. 지방에 대한 애착이 많다. 중앙행정의 눈으로 지방을 보면 지방은 인구도, 예산도, 규모도 작고, 뭔가 허술해 보인다. 이미 모든 인프라가 갖춰진 중앙의 기득권은 지방을 도움이 필요한 파트너로 보기보다 중앙을 위한 보조 역할이나 한 수 아래로 바라보기도 한다.

하지만 지방에서는 중앙의 경직된 사고로 도저히 해낼 수 없는 다양성과 창의적인 행정, 지역 정서에 맞는 밀착 행정을 할 수 있다. 우리는 지방에서 검증된 개혁적이고 진일보한 행정이 때때로 전국으로 확대되어 한국 사회를 발전시키는 좋은 사례를 목격하곤 한다.

나는 지방자치야말로 지역주의에 갇혀 있는 우리 정치의 한계를 넘어서고, 세상을 바꾸는 새로운 힘이라고 생각한다. 나주시의 친환경 학교급식 사례나 마을택시 제도는 근거법령이 중앙정부에서 재의 요구를 했던 법외정책이었지만, 나주시가 창의적으로 시행하고 노력해서 전국 자치단체로 퍼졌다. 지방을 통해 세상을 바꾼 사례다. 꼬리를 잡아 몸통을 흔든다고 하지 않던가.

나주시는 2003년 'WTO 조항 위배와 상위법 부재'를 이유로 여느 지방자치단체에서 선뜻 나서지 않았던 '우리 농산물 학교급식 조례'를 제정했다. 시민사회의 적극적인 건의로 시작된 조례는 이후 전국으로 퍼져나갔다. 나주시의 학교급식 조례는 어떻게 시작되었는가?

2003년 당시까지만 해도 나주시를 비롯한 전국의 모든 학교에서 제공되는 급식은 2~3년 묵은 정부미와 수입 농산물로 만들어졌고 학생들은 이를 먹어야 했다. 나주시는 모든 측면에서 불리한 교육 환경이지만 최소한 먹거리만큼은 신선하고 건강한 농산물로 가공된 학교급식을 제공할 수 있다고 생각했다.

이처럼, 학교급식은 우리 농산물이 주도하는 새로운 유통시장이 될 수 있고, 아이들 건강을 담보하는 소비자운동이다. 또 유년기에 우리 농산물에 대한 적응 능력을 키워내서 삶 속에서 농산물을 교육하는 문화 운동이라고 보았다.

학교급식은 우리 농산물과 소비자 간에 거리를 좁힐 수 있는 사업이며, 시스템화된 분야다. 이 시스템을 잘 활용한다면 외국 농산물이 끼어들 소지를 없앨 수 있을뿐더러 전 사회적으로 영향을 미칠 수 있다고 생각했다. 그래서 나주시는 처음부터 학교급식을 강력하게 추진했다.

그런데 나주시에서 조례로 만들려고 했더니 행정자치부와 전라남도에서 WTO 규정 위반이라며 재의를 요구했다. 하는 수 없이 우리 농산물이 아닌 '친환경농산물 지원조례'로 변경했다. 당시 WTO 예외 조항을 적극적으로 해석해, 나주지역 농민들이 생산한 농축산물의 판매 개척과 소비 촉진을 위해 협정과 배치되지 않는 방법으로 조례를 개정한 것이다. 그 후 전국의 많은 자치단체에서 우리와 같은 방향으로 학교급식 지원조례를 제정했다.

이후 나주시는 유치원에서부터 고등학교까지 모든 학교에 친환경농산물을 제공하는 지원체계를 만들었다. 관내 122개 학교에 학부모들이 부담하는 일반 단가와 친환경 단가 차액을 지원해주었다. 친환경 쌀 구입 예산의 70퍼센트는 물론, 여타 다른 친환경 식자재 구매비도 70퍼센트를 지원한다. 학교급식 현장에서 영양사들과 수차례 토론해서 식단을 짜고 있으며, 학교급식 단지를 별도로 조성해 산포농협은 과채류를, 마한농협은 쌀을 생산한다.

나주 농산물 연합 사업단이 구성되어 친환경농산물 계약 재배부터 배송에 이르기까지 확실한 공급 시스템을 갖췄다. 덕분에 나

지방에서 대한민국의 미래를 찾다

주시 전체 학교에서 똑같이 친환경 급식을 할 수 있게 되었다. 이러한 노력의 결과로 나주시는 2007년 학교급식연대에서 선정한 학교급식 추진 우수기관으로 선정되었으며, 전국 시도 및 학교에서 나주시의 학교급식 추진 상황을 벤치마킹하기 위해 연 30회 이상 방문할 정도로 호평받고 있다. 특히 영산포초등학교는 친환경 급식의 모범 사례로 알려지면서 밥을 싹싹 긁어먹거나, 고추를 된장에 찍어 먹는 아이들의 모습이 TV를 통해 전국에 방영되기도 했다.

나주시는 2010년부터 대규모 학교급식센터를 운영했다. 친환경 학교급식 식자재를 안정적으로 공급하기 위해 친환경농산물 무농약 생산단지 150헥타르와 학교급식 체험농장 6개소를 조성해 서울과 광주 등 대도시 학교에 공급했다. 나주지역 학교급식뿐만 아니라 대도시 학교 급식시장과 자동차 회사 구내식당에 뛰어들어 급식 식자재 사업으로 키워보자는 복안이었다.

나주 학교급식센터가 활성화되어 메뉴얼화된 식자재를 광주와 서울 등 대도시에 직배송하면 시장이 훨씬 넓어질 것이다. 전국 식자재 공급에 나주시가 뛰어들겠다는 야심 찬 계획으로, 현재는 노하우가 있는 중간유통업체인 한화유통과 MOU(양해각서)를 체결하여 운영되고 있다.

나주시장 시절,
친환경 농산물을 살피고 있다.
우리 땅, 우리 지역에서 나온 농산물은
우리 지역에서 먹어야 한다.
로컬푸드가 답이다.

나주시가 각 학교에 급식비만 지원해준다면 아이들에게 건강한 농산물을 제공해 학부모 부담만 줄여주는 의미에 그친다. 나주시의 계획은 거기에서 더 나아간다. 장차 우리 농산물의 새로운 시장을 개척하고 음식문화를 개선하는 것까지 의미를 확장해서 해석했다. 그래서 식자재 생산단지와 유통체계를 만들고, 마케팅도 하는 일석삼조의 효과를 노려보고자 한 것이다.

나주시의 학교급식은 로컬푸드(Local food)를 추구한다. 농산물은 우리 지역에서 생산된 걸 먹어야 한다. 그런 생각을 바탕으로 대도시를 공략하면 된다. 우리 농산물로 만들어진 식당, 우리 농산물만 취급하는 판매장 등 앞으로 이런 특색 있는 농산물 판매장이 나주에 많이 생길 것이다. 나주시장으로 있을 때 이런 과정을 통해 우리 농업의 바른 미래를 발견했다. 이 사례는 후에 청와대 농어업 비서관으로 있을 때 만든 '과일 간식' 정책의 배경이 되었다.

2023.5.4.
나주 중앙 초등학교 방문.
학교를 방문할 때 시간이 맞으면 선생님, 학생들과 함께 급식을 먹는다.
지금도 나주 소재 학교들은 지역 친환경 농산물을 사용한다.

뉴욕타임스도 극찬한
농촌교통의 원조, 마을택시

일찍부터 내 관심 분야는 '농촌에 살면서 어떻게 하면 삶의 질을 높일 수 있을까' 하는 것이었다. 우리는 자나 깨나 발전과 경제를 말하지만 정작 왜 사는지, 무엇을 추구하며 사는지, '인간'의 문제를 도외시하고 사는 경우가 많다. 경제성장이라는 이름으로 인간을 소외시키고 억압하는 방향으로 가고 있다.

나는 지역 발전의 목표를 지역경제 성장이나 인구증가가 아니라 '지역 주민의 행복지수를 높이는 일, 인간의 존엄성을 높이는 일'을 해보고 싶었다. 나주지역만이라도 인간의 존엄성을 높이는 방법을 찾아보고 싶었다. 그러기 위해서는 우선 주민들의 의식과 문화가 획기적으로 바뀌어야 한다.

나주 시장 재임 당시 시의 1년 예산은 5,000억 원 정도였다. 단체장 임기 4년이면 무려 2조 원의 예산이 편성된다. 주민들의 의식이 바뀌지 않는다면 이 돈은 도로와 다리 만드는 개발 행정에 쓰일 수밖에 없다.

생각을 한번 바꿔 보자. 우리는 흔히 어느 마을에 버스가 들어가야 한다면 우선 길을 뚫어야 한다고 생각한다. 주민들은 시장에게 민원을 내고 도로를 개설하고 포장하는 예산을 달라고 아우성을 친다.

하지만 꼭 그래야 할까? 나는 고민 끝에 오지마을에 택시를 운행하는 정책 사례를 만들었다. "우리 마을에 차가 좀 다니게 해달라"고 요구하는 주민들이 나를 찾아왔다. 나는 "버스 말고 '택시'를 타게 해 주겠다"고 설득했다. 도로를 열어달라고 주장한 그 마을의 주민은 딱 2가구뿐이었다.

그분들은 1주일에 한두 번 면 소재지로 나들이를 간다. 그렇다면 그분들에게 택시를 지정해주고 그 택시를 타고 나들이하도록 도와드리는 게 버스를 들이는 것보다 낫다. 그러면 버스를 들이기 위해 도로를 내고 버스를 배치하는 비용보다 훨씬 적게 든다. 시내에 손님이 없어 남아도는 택시를 활용하는 의미도 있고, 운전기사들에게는 시에서 생계비를 보조해주면 되니 얼마나 좋은가!

바로 조례안을 만들었다. 산골 오지 노약자와 어린아이들을 위한 교통수단으로 마을택시가 준비되었다. 2009년 1월 14일, 62개 마을에 마을택시가 운행되었다. 노안면 양천리 등 평생 버스 구경도 하지 못했던 마을주민들이 너무 행복해했다. 중앙언론이나 지방언론에서 대서특필했다. 지역 주민들이 오죽 기뻤으면 "시장님 감사합니다"라고 쓴 현수막을 내걸었을까!

그런데 난데없이 나주 선거관리위원회에서 제동을 걸었다. 차량 출발지, 대상 마을, 기점과 종점 등 세부적인 조례안을 보완하라고 했다. 내가 보기에는 과도한 요구였지만 선관위 요구이기에 조례안을 개정키로 했다. 선거법에 위반될 소지가 없도록 바꿨고, 선관위와 협의해서 개정안을 냈다.

하지만 넘어야 할 고비가 또 남아 있었다. 이번에는 민주당이 장악하고 있는 시의회에서 발목을 잡았다. 그들은 선관위와 이미 협의했는데도 "선거법에 저촉된다, 근거법령이 없다"라는 이유로 조례 개정안을 의회에 상정조차 하지 않았다. 2009년 당시 나주시의회 의석 분포는 민주당 의원 9명, 무소속 의원 5명이었다. 민주당의원들이 동의해주지 않으면 조례 개정안 통과는 난망했다.

'마을택시'는 신명 나는 마을공동체를 만들고자 하는 나주시의 창의적인 아이디어다. 우리는 흔히 가계지출에서 식료품비용 비중을 따지는 엥겔계수를 중요 지표로 삼지만, 만약 한 가정의 자동차 대수를 한번 따진다면 얼마나 될까? 나주시의 경우 2010년을 전후해 인구 1만 명이 줄었지만, 자가용은 3만 2,000대에서 3만 7,000

대로 5,000대가 늘었다. 이는 나주 시내 집마다 부담하는 자동차 관련 총비용이 300억 원 늘었다는 것을 의미한다. 지금의 자가용 현황과 비교해 보면 격세지감을 느낀다.

나주시에 350대의 택시가 있다. 그런데 이들 택시기사의 월급이 200만 원이 채 안 된다. 택시기사들의 처우도 개선하고 지역 교통도 발전시키는 방법이 없을까? 그래서 마을택시 구상을 내놓은 것이다. 100개 마을에 마을택시를 운영하는 데 소요되는 돈은 3억 원이다. 그 3억 원이 아까워서 민주당 의원들은 그렇게 반대하고 있는 것인가?

결과적으로 나주의 마을택시는 7일 천하로 끝났지만 가까운 신안군이나 충남의 서천군에서 도입되어 성공적으로 운영되고 있을 뿐 아니라 100원 택시라는 이름으로 전국의 모든 농촌 지역에서 시행되고 있다. 최근에 세계적인 일간지 뉴욕타임스가 "한국 농촌의 100원 택시"라는 제목으로 극찬했던 농촌 지역 대중교통의 원조는 다름 아닌 나주시의 마을택시였다.

나는 근본적으로 나주지역의 '택시 준공영제'를 실시하고 싶었다. 택시기사 임금을 시에서 일부 지원해주는 마을택시 사업은 택시 준공영제로 가는 전 단계라고 할 수 있다. 더구나 노령화가 극심해진 농어촌 지역의 정주 여건에서 기본적인 이동수단으로서 택시를 이용한 대중교통의 정비는 필수적인 과제가 되었다. 비록 법적인 근거는 없지만, 주민 복리후생에 주안점을 둔 내 입장에서는 꼭 도입하고 싶은 제도다.

공동주택인 아파트 단지에서도 마을택시 운행이 가능하다고 본다. 서울은 안되더라도 나주지역 아파트 단지는 가능하다. 보통 아파트 한 가구마다 차량이 2대는 된다. 그런데 마을택시를 활용하면 아파트 주민들이 차량 비용을 아낄 수 있다. 서울에서도 마포 성미산 마을주민들이 중고차를 구매해서 차가 필요한 사람들이 기름만 본인이 넣고 쓴다는 얘기를 들은 적이 있다. 자동차에 들어가는 비용을 아껴서 삶의 질을 높이는 데 사용하면 얼마나 좋은가.

나주시장 재임 당시 모습

사상 최고의 시청률,
100만이 찾은 주몽세트장!

ㅣ

나주는 영산강을 무대로 한 독창적인 문화유산을 간직한 고도이지만 관광객이 찾을 만한 거점 관광지 하나 제대로 갖추지 못해서 수많은 사람이 거쳐 가는 도시이기도 하다.

그래서 역사극 드라마 세트장을 유치해 부족한 문화관광자원을 확충하고 관광객도 확보함으로써 역사문화 도시의 브랜드 가치를 확립하고자 했다. 나주시청의 담당 직원들이 경북의 문경 세트장, 완도 '해신' 세트장, '이순신' 세트장까지 다녀보았다. 드라마 세트장의 경제적 효과에 대한 허와 실을 면밀히 검토하는 한편 방송사별로 준비 중인 사극의 규모와 파급효과도 분석해보았다.

나주시 나름대로 판단하고 있었는데 가장 가능성 있어 보이는

지방에서 대한민국의 미래를 찾다

'주몽' 드라마 팀에서 제안을 해왔다. 최완규 작가 등 초특급 제작진에 대한 평가와 전국 방송으로 나갈 '주몽'의 파급효과를 예상해 보니 해볼 만하다는 판단이 들었다. 문제는 세트장 용지 확보였다.

여러 곳을 돌아다녀도 적합한 땅이 없었다. 개발이 되지 않고, 현대 건물이 없는 한적한 곳을 찾아야 했다. 교통도 나쁘지 않아야 했다. 적합한 용지를 찾다가 나주시에서 축산폐수처리장을 지으려다가 버려진 땅이 생각났다. 현재 '삼한지 테마파크'가 있는 공산면 땅이다. 낭떠러지 위에 있는데 당시는 파헤쳐진 채 쓰레기 더미만 쌓여 있는 쓸모없는 땅이었다. 제작진이 승낙했다. 전봇대 하나 없어서 드라마 세트장을 짓기에 적격이라고 했다.

그다음으로 드라마 세트장 조성비용 문제를 해결해야 했다. 비용이 만만치 않았다. 용기를 내어 도청에 찾아가 박준영 도지사를 만났다. "나주시의 역사문화 도시계획과 딱 맞는 사극 드라마 세트장을 만들어보겠습니다. 나주시 재정으로 어려우니 절반만 도에서 지원해주십시오"라고 부탁드렸다. 사실대로 설명하고 도움을 청했더니 박준영 도지사가 흔쾌히 지원을 해주기로 했다. 후에 들으니 지사께서 드라마 세트장도 세트장이지만 내 설명 중에 일회용 세트장이 아닌 상설, 반영구적 세트장으로 재활용한다는 취지에 적극적으로 공감하셨다고 한다.

박준영 지사의 적극적인 지원으로 전남 도비 20억 원, 나주 시비 30억 원이 드라마 세트장 조성에 투입되었다. 그런데 막상 지으려고 보니 세트장 부지가 바윗덩어리라서 땅을 평탄하게 깎아내야만 했다. 그렇게 해서 공산면에 현재의 나주 삼한테마파크가 조성되었다. 나주시는 드라마 방영에 맞추어 드라마 세트장으로 가는 도로를 정비하고 주변에 꽃길도 만들고, 영산강에 배를 띄워 관광객 유치에 나섰다.

우리의 노력도 있었지만 운도 따라주었다. 송일국 주연의 '주몽'이 50퍼센트를 넘나드는 기록적인 시청률로 전국의 화젯거리가 되었다. 방영횟수도 80회까지 연장되면서 나주에 100만 명이 넘는 관광객이 찾아왔다. '주몽' 드라마 세트장에는 평일에도 관광객들이 드나들었고, 영산강 황포돛대 배와 더불어 훌륭한 관광코스가 되었다. 한때는 나주 시내 곰탕집, 장어구이집, 홍어집이 관광객으로 문전성시를 이뤘다.

드라마 세트장을 통해서 관광객을 유치하고 지역경제를 살려내자는 나의 제안에 문화관광과 직원들도 적극적으로 함께 노력했다. 그렇게 나주시 공무원들의 헌신적인 노력으로 기한 내에 세트장을 조성하고 드라마 역사상 최고의 시청률을 자랑하는 '주몽'이 탄생할 수 있었다.

'주몽'의 기록적인 시청률에 힘입어 나주시는 100만 명의 관광객을 유치하고 수백억 원의 직간접 경제효과를 거뒀지만, 드라마 세트장은 나주시의회에서 나를 공격하는 좋은 소재가 되었다. 초기에 드라마 세트장에 관해 의회도 적극적으로 동의해주었고 예산도 승인해주었다. 그때는 시의회 의원 18명 중 15명일 정도로 민주당이 장악하고 있었다. 또한 산림법, 농지법을 이행하는 과정에서 절차상 지키지 못한 일도 의회에 충분히 보고되어서 예산 승인을 받았다.

전남도가 지원하고 나주시가 추진한 공공사업이었지만 드라마 세트장은 정상적인 행정절차를 거쳐서는 촬영기간 내에 완공하기는 어려운 형편이었다. 일회용 세트장이 아닌 재활용이 가능한 반영구적인 세트장을 짓는 데는 더 많은 시간이 필요했기 때문이다. 이러한 애로사항을 우회하기 위해 선택한 방법이 선 시공 후 보완이었다.

이처럼 어려운 과정을 거쳐 완공된 드라마 세트장에서 사극의 역사상 최고의 흥행작 주몽이 탄생하게 된 것이다. 그런데 드라마 세트장이 고소 고발자들에 의해 법적으로 문제화되자 민주당 의원들은 그것을 정쟁의 대상으로 삼았다. 다수의 힘으로 사업 추진을 가로막기도 했고 시장인 내게는 법적 책임을 물어 전과 많은 정치인의 반열에 오르게 되었다. 나주시청 공무원들의 적극적이고 헌신적인 노력이 아니었다면 어찌 되었을까?

나주 삼한지 테마파크는 '나주영상테마파크'로 이름과 위상을 새롭게 하고 위탁운영 주체를 나주관광개발로 전환했다. 나주관광개발은 대표 상품인 골프장, 중흥 골드스파&리조트와 나주시 대표 문화상품인 천연염색문화관, 반남 고분군 등과 연계하여 나주를 살리는 거점 관광지로 키우기 위한 시도를 계속했다. 하지만 안타깝게도 시장이 바뀌면서 10년 넘게 방치해 오다가 최근 전남도 의병박물관 계획과 함께 해체의 운명에 처하게 되었다. 성심과 열성을 다한 사람으로서 허탈한 심정이다.

주몽 주연배우들과 함께

지방에서 대한민국의 미래를 찾다

드라마 주몽 세트장

시민과 함께 만든 기적,
나주혁신도시

나주시장이 된 첫날, 내 머리에 떠오른 지상명령이 있다.

"지방이 살아야 나라가 산다." 이 말은 내가 가장 중요하게 생각한 기치였다.

최연소 시장이 되어 자방자치에 대한 나의 꿈이 부풀어 올랐지만 현실은 녹록지 않았다. 2002년 내가 시장이 되던 해에 인구 10만의 도시 나주는 한 해 인구가 2,000명 가까이 줄어드는 지역이었다. 단순히 그 해만 그런 것이 아니라 매년 인구가 줄어든다면 단순히 한 지역의 문제가 아니었다. 나는 대한민국이 처한 구조적인 문제로 인식하고 근본적인 처방이 필요하다고 판단했다.

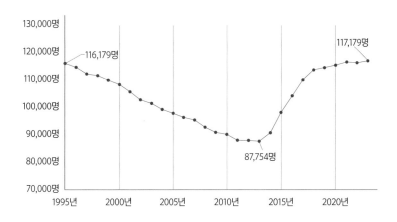

나주시 인구 그래프(1995년~2020년)

　하나씩 문제를 해결하면서 소중한 동지들을 많이 만났다. 대표적인 사람이 전 행자부 장관을 지낸 김두관 의원이다. 특히 1995년 무소속으로 최연소 군수에 당선되어 개성 있게 비전을 제시하며 행정을 펼치는 모습이 존경스러웠다. 나 역시 민선 1기 전남도의원으로 당선되었기에 우리의 인연은 필연이라고 할 수 있다.

　나는 김두관 장관과 함께 실질적인 지방분권의 실현을 위한 구체적인 흐름을 만들었다. 2003년 '자치분권전국연대'의 창립을 선언하고, 주민참여, 지역자치, 지방분권을 위해 앞장섰다. 가장 큰 과제는 신행정수도 건설과 행정도시를 건설하는 일이었다. 2004년 행정수도 이전 위헌 심판이 내려진 후 헌법재판소 앞에서 범국민 규탄대회를 벌였다. 이런 노력의 결과 행정수도가 무사히 세종시에 자리 잡았고, 지방자치도 탄력을 받을 수 있었다.

　모두가 도시화를 정답으로 외치는 시기에 지방분권 운동은 외롭고 힘든 싸움이다. 하지만 지방의 진정한 가치를 아는 이들은 이 일에 자신감이 있었다. 그러나 자신감만으로 지방의 새로운 부흥을 이끌 수는 없었다. 구체적으로 지방이 발전할 수 있는 '무엇을' 만들어야 했다. 기회가 왔다. 중앙정부가 국가 균형발전 정책으로 추진하고 있었던 '혁신도시 유치'라는 목표가 생겼다.

　분권론자인 나는 일찍부터 행정이나 재정적 권한에서는 자치분권이, 지역개발이라는 차원에서는 균형발전 정책이 필요하다는 생각을 갖고 있었다. 1991년 지방자치제도가 처음 시작되면서 1995년 자치단체장까지 주민들의 손으로 선출하는 자치제도가 시행되었지만 지난 50여 년의 세월 속에서 우리나라는 과도한 중앙집권과 그로 인한 불균형이 심각했다.

　국가의 자원이 많고 넘칠 때는 그것을 골고루 분산하는 것이 중요한 과제이지만, 뭐 하나 해볼 자본이 없을 때는 배분이 아닌 특정 지역에 집중되는 개발방식을 쓰는 게 현실적일 수도 있다. 문제는 어느 정도 개발이 되고 나면 이 지원의 방향을 전환해야 하는데 이미 지원받는 것이 익숙한 지역은 자신들이 받았던 지원을 놓지 못하게 된다. 그러니 개발된 곳은 더욱더 개발되고 그렇지 못한 지역은 아예 기회마저 박탈되는 악순환이 반복된다.

그런 차원에서 보면 2003년 2월 노무현 정부의 출범은 큰 의미가 있다. 노무현 대통령은 이미 1995년부터 '지방자치실무연구소'를 운영할 만큼 지방자치에 대한 기본 철학을 가진 몇 안 되는 사람이었고 그런 참여정부의 출범은 분권론자들에게 새로운 희망을 주었다.

나는 수세거부운동 때부터 나를 지원해온 '나주부대'들을 규합해 지방 살리기 3대 법안인 '지방분권 특별법' '국가균형발전 특별법' '신행정수도 이전 특별법' 제정 운동을 지원했다. 대통령과 정부의 의지는 있었지만, 애당초 3대 법안은 수도권의 열린우리당 소속 의원과 한나라당 등 국회의원 대다수가 반대해 통과하기 어려운 법안이었다.

2003년 10월 5일, 여의도에서 '지방 살리기 3대 특별법 제정촉구 국민대회'를 개최했다. 자치단체 중 전국에서 유일하게 나주시가 공식적으로 참여하여 나주시민 2,000명이 함께했다. 나는 여의도 국회의사당 앞 광장에서 지방 살리기 3대 법안이 통과되어야 하는 필요성을 역설했다.

그때까지만 해도 서울 쪽 여론은 이러한 흐름에 비교적 호의적이었다. 수도권 과밀화로 서민들의 생계비용이 높아졌을뿐더러, 아파트값 오르는 게 당장은 좋아 보일지 몰라도 장기적으로는 가계에 손해라는 인식이 있었다. 또 지방이 살아야 나라가 산다는 인식에

동의하는 여론이 우세했다. 결과적으로 참여정부 주체 세력이었던
열린우리당은 물론이고 완고했던 한나라당까지 자유투표를 했고,
법안은 12월 29일 예상보다 쉽게 국회를 통과했다.

2003.10.
지방살리기 3대 특별법 제정 촉구 거리행진.
나주시민들과 거리로 나섰다.
당시, 여의도에서 열린 국민대회에도 참가했는데
무려 2천명의 나주시민이 함께 했다.

지방에서 대한민국의 미래를 찾다

무효와 투쟁을 조직하고
헌법재판소 앞에서
1인 시위를 벌였다.

　3대 법안이 통과되면서 국가균형발전위원회에서는 지역과 지방
의 성장거점도시로 '혁신도시'를 구체적으로 검토했다. 이런 흐름
에 맞춰 나주시에서도 발 빠르게 우리 지역의 특성에 맞는 혁신도
시를 만들기 위한 계획을 세웠다. 혁신도시 계획이 확정되면 전국
모든 지방 도시에서 벌어질 유치 경쟁에서 유리한 고지를 선점하고
자 했다.

　나주시 자체적으로 지역의 특성에 맞는 농업과 생명 산업을 선
도하는 '농업혁신도시' 기본계획을 구상하고 2004년 10월 1일, 혁
신도시유치위원회를 발족하여 시민들의 힘을 모았다. 나는 발 빠

르게 움직였다. 우선 농업기반공사의 문을 두드렸다. 역설적이게도 농업기반공사는 내가 주도했던 수세거부운동으로 농지개량조합이 폐지되고 만들어진 기관이었다.

농업기반공사 안종운 사장을 만나 "농업기반공사를 나주로 이전합시다!"라고 제안했다. "농업 관련 기관과 지원할 세력이 함께 힘을 모아 우리 농업에 미래 성장 산업이라는 비전을 만들어보자"라고 간절히 설득했다. 혁신도시 유치위원회 한갑수 위원장과 이길선 나주시의회 의장과 함께 수원에 있는 농업진흥청의 손정수 청장을 만나러 갔다. 이외에도 농수산물유통공사 등 다른 농업 관련 기관을 방문하여 농업혁신도시 구상을 설명했다.

마침내 2005년 6월 24일, 정부 공공기관 이전계획이 발표되자 광역자치단체들이 움직이기 시작했다. 광주·전남 합동청사 해결 과정에서 영감을 얻었는지 박광태 광주시장과 박준영 전남지사는 두 지역의 혁신도시를 하나로 만들어 시너지 효과를 내기로 의견 일치를 보았고 유례없는 초광역 혁신도시 구상이 세워졌다. 그리고 가장 덩치 큰 한전을 가져가기 위해 각 지역에서 쟁탈전을 벌일 때, 박광태 광주시장은 광주·전남 공동 혁신도시 합의를 근거로 한전의 광주 유치를 공식적으로 요청했고, 박 시장의 정치력과 지역민의 열망으로 광주로 결정되는 분위기였다.

정부의 이전 대상 기관과 지역이 최종 결정되고, 동시에 광주·전

지방에서 대한민국의 미래를 찾다

남 시도 간에는 공동 혁신도시가 최종 합의되었다. 시·도지사의 결단에 적극적으로 호응하며 혁신도시 유치를 지상과제로 여겨 노력한 나주시도, 당시 광주·전남의 갈등 현안이었던 정부 지방합동청사를 광주시에 양보함으로써 공동 혁신도시를 나주에 유치하기 위한 마지막 길을 닦았다.

끝으로 광주·전남 공동 혁신도시의 입지를 선정하기 위한 시·군간 치열한 각축전이 있었지만, 2년간 나주시의 치밀한 계획으로 준비된 '혁신도시 유치'의 간절함을 막을 수는 없었다. 이렇게 2005년 11월 17일 광주·전남 공동 혁신도시로 나주가 선정되었다. 내게는 평생을 잊을 수 없는 날이다.

광주·전남 공동 혁신도시는 입지 선정 과정에서 최종적으로 금천면 동악리 중심의 380만 평으로 확정되었고, 이 경계에서 필요한 도시 규모를 결정하기로 했다. 도시 전체가 한전을 비롯한 공공기관 이전과 혁신도시 선정으로 축제 분위기였지만, 나는 본능적으로 또다시 닥쳐올 위기를 감지하고 있었다.

거대한 노조가 버티고 있는 한전을 쉽게 이전 할 수 있을까? 정부가 바뀌어도 혁신도시 정책이 계속 추진될 수 있을까? 한 지역의 운명을 좌우할 대역사를 정책이 아닌 현실로 만들어내기 위해서 앞으로도 얼마나 많은 난관이 도사리고 있을까?

광주시와 갈등을 순조롭게 마무리 짓고 나주시는 토지 보상에 속도를 냈다. 정권이 바뀌면 혁신도시가 어떻게 될지도 모른다는 생각에서 적극적으로 주민들을 설득했다. 한편으로는 보상 업무를 주관하는 토지개발공사에 "이렇게 보상 가격에 소극적이면 나주에 혁신도시 만들지 못한다"라고 엄포를 놓았다. 엄포가 통했는지 전국 혁신도시 가운데 가장 먼저 보상을 끝마쳤다. 원주민들이 만족할 만한 수준으로 보상받았다.

정권이 바뀌기 직전인 2007년 11월에 혁신도시 착공식을 진행했다. 기공식 때 나는 이례적으로 대통령 앞에서 짧은 연설을 했다. "참여정부와 대통령님의 뜻을 받들어 이곳 나주혁신도시를 모든 사람이 와서 살고 싶은, 인정 넘치는 명품도시로 만들겠습니다." 나 스스로의 다짐이자, 나주시민과 국민께 드리는 약속이었다.

그런데, 이전하기로 계획한 기관들의 분위기가 심상치 않았다. 심지어 한전 KPS 연수원 이전계획은 나주시와 실시계획 협약을 맺었는데도 꼼짝하지 않았다. 급기야 한전을 찾아가 김쌍수 한전 사장을 만났다. "이전한다. 반드시 할 거다"라고 말은 하는데 실제로 움직임이 느껴지지 않았다.

느낌이 이상했다. 대통령이 미국 순방 중이던 2008년 4월 15일 드디어 조선일보와 중앙일보 1면에 대서특필 기사가 떴다. 감사원 내부 보고서를 인용해 '혁신도시 이전 효과 3배 부풀려졌다'라는 내용으로 혁신도시의 험난한 여정을 예고했다. 기사의 출처는 "청와대 관계자의 말에 따르면" "관계 당국에 따르면"이라고 쓰여 있

지방에서 대한민국의 미래를 찾다

었다. 내가 언론의 속성을 모를 리 없다. 조중동이 분위기를 몰아가자 바로 공중파 9시 뉴스에도 방송되었다.

"야! 큰일 났다."

이제 정부 당국자의 발표만 남아 있었다. 나는 과거의 분권 연대 세력들을 모아서 싸워야겠다고 생각했다. 타 지자체 혁신도시 시장, 군수들과 적극적으로 협의하여 2008년 4월 18일 나를 포함한 전국 혁신도시(지구)협의회 회장단은 국토부를 항의 방문하고 기자회견을 열었다. 그래도 정부는 언론을 통해서 계속 혁신도시의 문제점을 부각하며 전면에 나서지 않았다. 시간이 없었다. 여론이 형성되면 혁신도시는 끝장이었다.

4월 22일 남고문에서 나주시민이 중심이 된 범국민대회를 긴급 개최했다. 나는 다시 '나주부대'를 가동했다. 6월 10일에는 5,000명의 시민들과 전국에서 모인 지방분권운동가들이 모여 '지방 살리기 및 혁신도시건설 전국대회'를 열었다. 언론이 혁신도시를 무력화시킬 조짐을 보이자 우리가 순발력 있게 대응한 것이다.

서울의 여론을 환기하기 위해 6월 18일에는 서울 프레스센터에서 전국 혁신도시협의회 주관으로 '혁신도시 어떻게 할 것인가'라는 세미나를 개최하고 긴급성명을 발표하여 혁신도시 무력화에 대한 강력하고 발 빠른 대응을 했다.

당시 '촛불 정국'의 분위기도 있었지만 이명박 대통령이 2008년

7월 21일 지역발전정책 추진전략보고회에서 "혁신도시를 광역경제권과 연계하여 성장거점 도시로 육성하고, 필요하면 지자체가 중심이 되어 보완 방안을 제시하고 중앙정부가 지원하도록 최종 결정"하는 혁신도시 정상화 추진계획을 발표하여 재검토 논란을 종식시켰다.

혁신도시는 나주뿐만 아니라 부산, 대구, 진주, 원주 등의 문제였다. 또 수도권 시민들도 찬성한 사안이었다. 이제껏 대한민국의 정책 중에서 그 누구의 반발도 없이 합리적이고 민주적 절차를 완벽하게 거쳐 국민의 동의를 구해 마련한 정책은 혁신도시 정책밖에 없었다. 노무현 정부가 밀어붙인 것이 아니라 국가균형발전과 지방 활성화를 위해 수도권과 여러 지방이 서로 양보해서 합의한 사안이었다.

'중앙권력은 코끼리와 같다. 코끼리와 힘겨루기를 하면 무조건 진다. 방법은 무엇인가? 코끼리 다리를 송곳으로 찌르듯이 시의적절할 때 가장 신속하게 대응하는 것이 위기를 돌파할 수 있는 지자체의 지혜다.'

이것이 나의 생각이다. 중앙정부라 하더라도 항상 치밀하거나 과학적이지는 않다. 때로는 국민의 생각이, 때로는 지방자치단체의 판단이 옳을 때도 있다. 그렇기 때문에 정부는 열려 있어야 한다.

혁신도시는 대통령이 나주 사람이라 하더라도 끌어오기 힘들다.

우선 서울시민과 한전 노조가 반대했다. 그런데 나주시에서 명분을 만들고 시대의 흐름을 타고 밀어붙이니까 된 것이다. 그게 힘이다. 혁신도시는 10만 나주시민이 계획하고 함께 만들어냈다.

나주혁신도시는 하늘에서 떨어진 복도 아니요, 중앙정치권의 시혜물도 아닌, 그야말로 한국 정치, 변화무쌍한 정치지형에서 일궈낸 나주시민의 땀방울이 만들어낸 소산이다.

2005.11.17. 오후 5시
〈광주·전남 공동 혁신도시〉 나주 유치가 확정 발표되자 남고문에서
유치기원 시민 한마당 잔치가 벌어졌다.

지방에서 대한민국의 미래를 찾다

2023.3.29.
빛가람혁신도시 복합혁신센터 기공식.
문화, 체육, 여가 시설이 포함된 복합혁신센터는
주민들의 오랜 숙원사업이었다.
불편을 참아가며 기다려주신 주민들께
거듭 감사드린다.
2024년 하반기 완공 예정,
꼼꼼히 살필 것이다.

최초의 현장 박물관,
나주국립박물관을 세우다

21세기는 경제 못지않게 문화가 중요한 시대다. 고대 마한문화권의 중심이자 천년 목사골인 나주는 2천년의 시간여행이 가능한 역사·문화 도시로서 대표성을 갖기에 충분한 지역이다. 특히 반남면과 다시면을 축으로 밀집되어 있는 대형의 옹관고분군은 나주의 마한·백제문화를 상징적으로 보여주는 문화유산이다.

나는 이러한 역사문화도시로서의 나주를 정치적으로 행정적으로 평가받기 위해서는 나주지역 일부를 영산강 고대문화권으로 특정구역을 지정해야 할 필요가 있다고 판단했다. 그리고 신라나 백제와는 분명히 다른 '마한문화권'이라는 지역문화가 있는 만큼 학술적 가치를 규명해내고 그것을 연구할 그릇 또한 필요하다는 생각이었다.

나는 나주시장으로 일하면서 국립박물관과 국립문화재연구소를 유치하기로 방향을 잡았다. 영산강 고대문화를 연구하는 센터가 만들어지고 나주목 문화를 복원해 중세도시 나주목의 모습을 보여주는 사업이 완료된다면 나주가 역사문화도시로 도약할 수 있다고 보았기 때문이다.

우선 국립박물관 건립의 열쇠를 쥐고 있는 정부 부처 공략에 들어갔다. 그런데 기획예산처나 행정자치부, 문화관광부의 관료들은 "더 이상 박물관은 안 된다"며 반대기류가 강했다. 그러면 주무부처 장관을 만나 직접 부딪쳐보기로 했다. 내 일이라면 발 벗고 도와주는 김두관 행정자치부 장관을 대동하고 이창동 문화관광부 장관과 청진동 해장국집에서 회동을 했다.

그런데 이창동 장관은 하드웨어보다는 콘텐츠 중심의 문화를 고민하는 분이었다. "형님, 좀 도와주세요. 제가 정말 아끼는 후배입니다." 김두관 장관이 설득에 나섰지만 이 장관은 꿈쩍도 하지 않았다. 말도 꺼내지 말라는 식이었다. 결국 1차 시도는 뜻을 이루지 못했다.

얼마 뒤 정동채 장관으로 문화관광부 수장이 바뀌었다. 보좌진 가운데 한 명이 광주 출신이어서 그쪽 인맥을 통해 장관실 분위기를 파악해보았다. 내가 아는 광주 쪽 선배들도 접촉하고 정 장관과 막역지우인 치과의사 이대근 형을 통해서도 장관실 문을 두드려보았다.

정동채 장관은 영산강 고대문화권에 관심이 많다는 것을 알게 되었다. 옳다구나 하고 면담을 신청했다. 혼자 힘으로는 부족하다고 생각해서 최인기 국회의원과 동행했다. 만나서 말을 꺼내자마자 정 장관은 영산강 고대문화권 개발계획 특정구역 지정과 추진, 국립박물관, 국립문화재연구소 이 세 가지를 다 추진해보자고 하셨다. 나주로서는 더할 나위 없는 응원군을 만난 셈이었다. 그런데 정작 돈줄을 쥔 기획예산처는 박물관 건립 문제에 대해서는 끄떡도 하지 않았다.

그러면 국회 예결위를 통해 길을 뚫어보기로 했다. 그때 예결위원장이 정세균 전 국무총리였고 여당 간사가 김영춘 의원이었다. 두 분 다 고대 선배로 막역한 사이였다. 두 분을 만나 "문화부 장관이 박물관에 뜻이 있습니다"라며 힘을 보태달라고 부탁했다. 그런데도 기획예산처는 요지부동이었다. 신규 사업은 안 된다며 손사래를 쳤다. 어떻게 해볼 수 없는 현실적인 벽이었다. '박물관은 장관이나 국회의원 힘으로는 안 되는구나! 대통령이나 국회의장, 총리 선에서 관심을 가져야 가능하겠구나! 그러면 나주문화재연구소라도 추진을 해야겠다!' 눈물을 머금고 방향을 틀었다. 정동채 장관에게 그 뜻을 전했다. 유홍준 문화재청장에게도 나주문화재연구소 설립을 적극 건의했다.

그런데 난데없이 복병이 나타났다. 광주시가 문화재연구소 유치에 뛰어든 것이다. 당시 광주시 문화관광국 정종재 국장이 총대를 멨다. 유능하고 일 잘하는 그분이 박광태 시장의 지원을 받아 총력전을 펼치니 나주로서는 버겁고 한편으로는 얄밉기도 했다. 그런데 다행히도 결정권을 쥐고 있는 정동채 문화관광부 장관이 나주 쪽에 기울어있었다. '영산강고대문화권의 중심지는 나주. 연고지에 두는 게 낫다'는 생각을 갖고 계셨다.

그래서 기대를 저버리지 않고 있었는데 어느 날 유홍준 문화재청장으로부터 전화가 왔다. "신 시장님 축하합니다. 드디어 문화재연구소가 확정되었습니다. 정동채 장관님한테 고맙다고 하십시오. 장관님이 신 시장님 보고 해주신 겁니다." 그런 보이지 않는 노력 끝에 부여, 경주, 창원, 충주에 이어 5번째로 문화재청 산하 기구인 국립나주문화재연구소가 나주로 오게 되었다. 유홍준 청장은 국내 최대의 아파트형 고분으로 유명한 나주 복암리 고분전시관 건립문제에도 힘을 써주신 분이다.

정동채 장관과 유홍준 청장의 노력으로 영산포 구 이창동사무소에 문화재연구소 임시 사무소를 개소했는데 또 문제가 생겼다. 청사를 지을 예산 확보가 어렵다고 내게 SOS를 치는 것이 아닌가! 나주문화재연구소 이종훈 과장이 나를 찾아왔다. "시장님, 이 예산을 확보하려면 복권기금을 활용하면 됩니다. 복권기금을 문화 관련 사업을 하는데 사용할 수 있습니다"라고 넌지시 통로를 알려주었다. 그때 복권기금 관리부처가 총리실이었다. 이해찬 총리께는 직접 부탁을 드리지 못하고 복권 관련 국장을 찾아갔더니 복권기금 재정 형편이 좋지 않다면서 예산을 주기가 어렵다고 했다. 예산 배정 순위 가운데 나주는 4번째였다.

그런데 천만다행으로 총리실 김미갑 정무수석이 또 보이지 않게 힘을 써주셨다. 친구이자 선배인 그분의 도움에 힘입어 최종적으로 100억 원이 청사건립비로 확정되었다. 현재 국립나주문화재연구소는 영산포 지역인 나주시 삼영동 폐선 철도 부지에 지어지고 있다. 나주문화재연구소 유치는 지방이 어떻게 폭넓게 노력하느냐에 따라 국가기관도 유치하고 국가정책도 만들어 낼 수 있다는 것을 보여주는 사례다.

나주의 행운은 거기에서 그치지 않았다. 국립박물관은 아예 포기하고 있었는데, 웬걸 하늘이 도왔다고 할 수밖에 없는 돌발변수가 생겼다. 임채정 의원이 2006년에 17대 국회의 국회의장으로 선출된 것이다. 임채정 의원은 나주가 고향이고, 그 유명한 나주 임씨다. 나로서는 고대 선배이기도 하다. 직감적으로 '이 분이 국회의장으로 재직하는 때가 박물관을 할 수 있는 유일한 기회다'는 생각이 들었다. 박물관 건립계획안을 들고 국회의장실로 찾아갔다. 과거와 달리 전남 지역에 박물관 하나는 있어야 한다고 필요성을 느끼시는 눈치였다.

꿈에도 박물관을 생각하며 기대를 품고 있던 어느 날, 임채정 국

지방에서 대한민국의 미래를 찾다

회의장께서 전화를 해오셨다. 국회의장이 되고 나서 나주에 첫 귀향인사를 오겠다고 하셨다. 그러면서 "신 시장! 신 시장이 오매불망하던 것 내가 다 답변받고 가네~" 하셨다. 아마 국회의장 재임 기간 중 당신이 유일하게 집행부를 괴롭혔던 건이 이 박물관 건립 문제였을 것이다. 임채정 의장이 장병완 기획예산처 장관에게 특별히 부탁하고 필요성을 설득해 막판에 오케이가 됐던 것이다.

타 지역의 경쟁을 물리치고, 결국 2006년 1월 31일, 국립나주박물관이 나주시 반남면 신촌리 일대로 결정되었다. 건립 위치가 결정된 뒤 박물관 수장고 예산 확보는 지역구 최인기 의원이 노력해서 100억 원이 확보되었다.

2007.3.20.
김홍남 국립박물관장과 반남 국립나주박물관 부지를 둘러보며…
반남 고분군 일대를 둘러본 김홍남 관장은
"너무 아름다워 마치 무릉도원 같다"고 감탄을 했었다.

국내 대부분의 박물관이 다 도심에 있지만 면 지역에 수천 년 전 고분을 바라보고 있는 국립박물관은 나주가 처음이다. 박물관이 들어서는 주변은 영산강 고대문화의 중심지로 국보 제295호 금동관을 비롯해 금동신발, 대형옹관고분 등이 출토된 역사적 현장이다. 이 일대에는 사적지로 지정된 익히 잘 알려진 반남고분군, 즉 대안리(76호)와 신촌리(77호), 덕산리(78호) 고분군이 산재해 있으며 금동관과 각종 옹관, 토기 등 수천여 점의 유물이 출토되었다.

2024년은 국립나주박물관이 세상에 모습을 드러낸 지 10년이 되는 해이다. 10년이면 강산도 변한다더니, 그 사이 나주박물관도 발전에 발전을 거듭했다. 박물관 내에 어린이 전용 문화공간인 어린이박물관이 개관했고, 현재는 디지털 복합문화관(총사업비 230억 원 규모)이 세워지고 있다. 첨단기술을 문화 영역에 접목한 디지털 복합문화관은 2025년 하반기 준공을 목표로 착오 없이 진행 중이다.

무엇보다 놀라운 변화는 국립나주박물관에 대한 대한민국의 관심이다. 한 해 30만 명이 넘는 관람객이 박물관을 찾고 있다. 얼마나 놀랍고 반가운 소식인가? 모두가 불가능하다고 했던 국립나주박물관이 전남을 대표하는 국립박물관의 꿈을 시작한 후 8년 만에 이룬 성과이다. 전국에서 유일하게 면 지역에 설립된 현장 박물관으로서 설립단계에서부터 걱정이 많았던 나주박물관이 국민의 사랑을 받는 박물관이 된 것이다.

지방에서 대한민국의 미래를 찾다

2023년 3월 17일, 나주박물관 내 복합문화관 착공식에 참석한 나는 감회가 남달랐다. 2002년 시장이 되고, 나주의 자랑스러운 천년 마한역사문화를 되살리겠다고 다짐한 후부터 지금까지 수많은 실패와 도전이 어제 일처럼 생생하게 떠올랐다. 임채정 국회의장님과 유인학 의원님의 노고와 故 정재갑 어르신을 비롯한 반남면 주민들의 간절한 염원을 되새겨 보았다.

지금의 국립나주박물관과 국립문화재연구소는 기적 같은 일이었다. 그 기적을 함께 만들어주신 모든 분들께 감사의 말씀을 드리고 싶다. 20년 전, '우리 지역의 족보를 찾아보자'는 나의 제안에 몸을 사리지 않고 발이 부르트도록 함께 뛰어다녔던 나주시 공무원의 노고를 잊지 않고 있다. 그때 우리는 나이, 직책, 서열 상관없이 각자의 일에 최선을 다했던 동지였고 빛나는 청춘이었다.

마한문화를 주제로 한 국가기관이 고루 갖춰진 곳은 나주가 유일하다. 앞으로도 나주만의 고유한 역사문화를 잘 보존하고 가꿔나가겠다는 다짐을 한다. 그것이 나를 믿고 손을 잡아주신 모든 분들께 보답하는 길일 것이다.

2023.3.17.
국립나주박물관 디지털복합문화관 착공식
전국에서 유일하게 면지역에 설립된 현장 박물관으로서
설립단계에서부터 걱정이 많았지만,
2022년에는 관람객 30만명을 넘는
전국민의 사랑을 받는 박물관이 되었다.

지방에서 대한민국의 미래를 찾다

2023.12.14.
국립나주박물관 상설전시 재개관.
나주가 호남의 역사문화를 자랑하는
마한 중심 도시로 거듭나도록 최선을 다할 것이다.

청와대에서
농어업정책을 관장하다

2017년 봄 선거를 앞두고 문재인 대표는 나주혁신도시를 찾는 등 호남에 적지 않은 공을 들였다. 본격적인 선거 국면에 김정숙 여사님이 호남에서 살다시피 했고, 나는 경선캠프의 전남선대본부장을 맡아 선거인단 확보를 위해 동분서주했다. 경선캠프에 참여한 대부분의 사람들은 선거인단 모집이나 조직관리에 몰두하고 있었지만 나는 농어업 정책과 지역 공약을 만드는 일에도 소홀할 수 없었다. 시장, 국회의원을 거치면서 누구보다 현장에서 많은 문제를 겪고 부닥쳐 온 나는 대선의 승리를 통해 지역발전을 위한 핵심과제를 다음 정부의 공약에 반영해서 실현하는 것이 더 본질적인 목표인지도 몰랐다.

전남은 수도권에서 먼 지역이지만, 한국이 대양으로 나갈 때는 출발점이 되는 곳이다. 이 점을 고려해 여수와 목포 등 항구 자원을 살리고, 무안공항의 실질적 활용 빈도를 높여 동북아 물류와 관광의 거점으로 만드는 공약을 우선적으로 내세웠다. 서남권 해조류산업 클러스터 조성과 서남해안 관광·휴양 벨트 조성 등도 포함했다. 특히 이순신 호국·관광벨트 조성, 전라도 정도 천년기념 영산강 유역 고대 문화권 개발, 목포 크루즈항 개발, 여수 해양관광과 순천 생태관광 활성화, 화순·나주·장흥 생물의약산업 벨트 구축 등을 제시했다. 한전 공대 등을 포함해 나주 에너지 특화와 화순 바이오 클러스터 공약은 내 지역구이기 때문에 더 많이 신경을 썼다.

2017년 5월 9일은 결전의 날이었다. 전남에서 문재인 후보는 59.87퍼센트를 얻어 전체 득표율 41.08퍼센트보다 훨씬 좋은 성적을 얻었다. 이 승리로 총선에서 겪었던 낙선의 아픔이 어느 정도 치유되었다.

대선에서 승리한 후 나는 문재인 대통령과 더 가까이서 호흡을 맞출 수 있는 청와대 농어업비서관으로 임명되었다. 농어업 전반을 두루 살펴보고 다루는 일을 했다. 농민운동을 하는 내게 매우 의미 있는 시간이었다.

농어업비서관실은 한국 농업과 수산업 전체를 관장하는 부서다. 농림축산식품부와 해양수산부는 수천 명의 공무원이 함께 결과를 만들어내지만, 청와대 농어업비서관실은 고작 몇 명의 직원들이 모든 것을 파악하고, 조정하고, 비전을 제시해야 했다. 가장 중요한 일은 대통령에게 중요한 사안을 발굴해 정리하고, 보고하는 것이었다. 각 부처에서 가장 우수한 인재들이 파견 나왔지만 책임자로서 무게감은 막중했다.

평생을 농민으로 살아온 아버지를 잇겠다는 결심으로 농촌으로 돌아온 나는 그간 지자체, 국회, 청와대에서 일했지만 초심을 절대 잊지 않으려 했다. 비서관으로 근무할 때 대통령을 뵐 기회가 많지 않았다. 처음 보고한 내용은 소위 살충제 달걀 파동사건이었다. 이 사건은 2017년 7월과 8월 네덜란드의 식품 및 제품 안전위원회가 달걀에서 살충제 성분인 피프로닐(Fipronil)을 검출하면서, 수백만 개의 달걀이 네덜란드와 벨기에, 독일, 프랑스에서 판매가 금지되거나 시장에서 수거되면서 불거졌다.

2017년 8월 14일 농림축산식품부는 대한민국 내의 친환경 산란계 농장을 대상으로 일제 잔류 농약 검사를 시행했다. 그 결과 경기도 남양주시 소재 산란계 농가 한 곳에서 피프로닐 검출, 광주시의 농가 한 곳에서 기준치를 초과한 비펜트린(Bifenthrin)을 검출했다고 발표했다. 14일부터 모든 달걀의 출하를 중지하고 3,000마리 이상의 산란계를 사육하는 모든 농장을 조사했다. 15일부터는 상당수 대형마트에서 달걀 판매를 잠정 중단했다.

16일 아침 열린 청와대 수석보좌관회의에서 실태를 브리핑했다.

지방에서 대한민국의 미래를 찾다

사실 양계나 의약품에 대한 지식이 많지 않아 힘들게 준비했는데, 이때 대통령의 질문을 듣고 새로운 것을 깨달았다. 이날 회의에서 대통령은 살충제 계란의 유해성 정도와 함께, 폐기처분으로 인한 양계농가의 피해와 억울한 사정에 특별한 관심을 갖고 물었다. 일부 언론에서는 양계 농가를 비판하고, 관련 농민들을 부도덕한 방향으로 매도하고 있었다. 대통령은 보상 없이 달걀이 완전히 폐기되는 상황까지 알고 있었다. 대통령의 질문에 대답하며 대통령은 보고를 받는 사람이 아니라 정책을 리드하는 사람이라는 것을 느꼈다. 마녀사냥으로부터 농민들을 지키려는 대통령의 심중을 이해했지만, 농민들의 재산 손실에 지원하지 못한 것이 지금도 빚으로 남는다.

농업을 향한 나의 신념은 헌법 두 조문에서 나왔다. 121조 1항에 국가는 농지에 관해 경자유전의 원칙이 달성되도록 노력해야 하며, 농지의 소작제도는 금지된다고 나와 있다. 또 다른 하나는 123조 4항으로 국가는 농수산물의 수급 균형과 유통구조의 개선에 노력해 가격 안정을 도모함으로써 농·어민의 이익을 보호한다고 쓰여 있다.

그런데 우리나라는 이 두 원칙을 제대로 지키지 않았다. 특히 두 번째 농수산물 수급 균형과 유통구조 개선을 통한 가격 안정에는 관심이 없었다. 5퍼센트만 초과 생산되면 20~30퍼센트씩 가격이 폭락했고, 반대로 5퍼센트만 부족해도 가격이 폭등하는 상황이 지속해서 벌어졌다. 더욱이 농산물의 경우 날씨에 따른 작황 차이가 큰 만큼 상황에 따른 대처를 농민 개개인에게 맡기기보다는 국가가 중심을 잡고 정책을 펼쳐야 한다.

헌법 정신에 따라 농수산물 가격을 조절해 농민은 물론 소비자들이 안정적으로 먹거리를 공급받기 위해서는 국가가 앞장서서 노력해야 한다. 그중에서도 수급 조정을 통한 가격 안정이 제일 중요하다. 수급 조정은 특수작물도 해야 하지만, 쌀이나 보리, 배추, 양파 등 가장 필수적인 농산물부터 시작해야 한다. 작황이 좋아서 폭락이 예상될 때는 선제적으로 구매해서 공급을 조절해야 한다. 과거에는 쉽지 않았지만 지금은 저온창고 등이 있어서 충분히 가능하다. 또 정부가 농업 통계, 생산 빅데이터, 작황 관리 시스템을 정보통신과 ICT 기술에 접목한다면 생산 단계부터 선제적으로 수급 조절할 수도 있다.

수요조절, 가공, 보관 등의 관리도 필요하고, 상황에 따른 폐기방식도 정부가 조절해야 한다. 문제는 대부분의 경제 관료들이 농산물 가격 역시 시장에 맡겨야 한다는 시장주의적 사고방식을 가지고 있다는 점이다. 이런 관점은 결과적으로 수요, 공급 조절에 따른 가격 안정 기능을 저하시킨다. 공급 조절과 가격 안정이야말로 헌법에서 요구하는 정부의 역할이다. 그러나 정부가 이러한 역할을 제대로 하지 않아 농민들은 고통받아왔다.

문재인 정부 농정 공약의 첫 번째는 생산 조정에 의한 목표가격 인상이다. 그리고 정책의 수단으로서 생산조정제를 명시했다. 이명박 정부 시기 쌀값이 12만 원대까지 폭락했지만 거들떠보는 사람조차 없었다. 노동자의 최저임금에 관해서는 이야기하면서 농민들의 땀방울이 쌓여서 만든 쌀값 폭락 문제에는 살피는 이들이 없었다.

문재인 대통령이 후보였던 시절, 나는 노무현재단 사무실에서 대통령을 만나서 쌀값이 농정의 바로미터인 만큼 쌀 생산 조정에 따른 정상화를 역설했고 대통령도 긍정적으로 받아들였다. 백남기 농민사건의 핵심 문제가 쌀값이어서 더 공감하셨다. 결국 쌀값 안정화 정책이 농업 제1 공약이 되었다. 2016년 말에 12만8,000원이던 쌀값이 2017년에 18만5,000원으로 상승한 후 정부가 제시한 목표가격 21만 원이 달성되었다. 다른 물가가 이렇게 빨리 오르면 난리가 났을 텐데 별다른 항의가 없었다. 이는 국민 또한 쌀값 문제에 상당 부분 공감했다는 의미가 아닐까. 농업을 향한 존중이 국민에게 있다는 것을 깨달았다.

이제야 밝히는 얘기지만 문재인 정부의 최고의 농정 성과는 단연코 쌀값의 정상화 정책이라 생각한다. 하지만 문재인 정부 이름으로 이 정책을 알리지 못했다. 기재부에서 물가 상승이라는 역풍을 우려해 홍보하지 말자는 의견을 내놓았기 때문이다. 농정분야 가장 성공적인 성과를 거둔 쌀값의 정상화를 보도자료조차 내지 못하도록 감독하는 것이 소위 물가당국이라는 기재부의 논리였다.

내가 농어업비서관으로 있으면서 이룬 또 다른 결과물도 숨겨야 했다. 경북 봉화나 영주, 의성은 봄이면 우박 피해가 빈번하다. 2018년 우박 피해자들이 가을 내내 청와대 앞에서 항의했다. 이들은 농업 재해대책법에 따라 피해를 보상받을 수 있었다. 작목의 경우 종자대와 농약대를, 축산과 수산의 경우 치어 구입비를 지급받는다. 하지만 20년 전 기준으로 책정되어 있어서 실제로 보상받는다고 해도 별다른 도움이 되지 않았다. 나는 인건비 등을 감안해 현실화 방안을 마련했다.

과수의 경우 당시 헥타르(ha)당 67만 원 선이던 보상비를 300퍼센트 올려 199만 원으로 책정했다. 그리고 매년 5퍼센트씩 추가로 올리기로 했다. 농민에게 도움이 되는 정책이었지만, 기재부는 이 정책을 애써 숨기는 데만 몰두했다. 농촌 현실을 반영한 복구비의 현실화로 2019년 나주지역의 저온피해 복구비 48억 원과 가을철 태풍으로 인한 도복피해, 낙과피해에 대한 복구비 90억 원이 지급되었으니 제도의 변화가 얼마나 큰 도움이 되는지를 여실히 보여주었다.

우리나라의 농업 특성상 정부는 경제 외적인 요인이 농산물 시장에 개입되는 것을 막아야 한다. 구제역이나 아프리카돼지열병 같은 가축 전염병처럼 선제적으로 막아서 관리해야 하는 부분도 있고, 쌀값처럼 사회적 안전망을 통해 농민들의 피해를 막고 적절한 소득을 보장해야 하는 부분도 있다. 그래야 식량 무기화나 지구 농업환경 변화라는 위기 앞에서 국민을 지킬 수 있다.

내가 생각하는 농정의 가장 중요한 과제는 불가항력 상황에서 농업인들의 피해를 최소화하는 일이다. 우선, 가격 안정을 통한 농어민의 소득 보장이고, 둘째는 재해 피해가 발생하면 농민들이 절망하지 않도록 안전망을 구축해야 하며, 셋째는 일시에 엄청난 피해를 안기는 가축 전염병에 대한 장기적이고 체계적인 관리이다. 이런 기준이 잘 지켜진다면, 기술 발달에 따른 스마트팜 도입이나 특용작물 재배 등도 미래 가치를 부여받을 수 있다. 정부는 기준이 잡히지 않은 상황에서 스마트팜 등 무리한 생산방식을 적용할 경우 시장을 교란해 가격질서를 무너뜨릴 수 있다는 것을 알아야 한다.

농어업비서관으로 재직하면서 뿌듯한 일도 있었다. 어느 날 대통령과 점심을 먹으면서 '학교 과일 간식' 이야기를 했다. 김영란법 시행으로 농산물 명절 선물이 위축되어 농가 소비가 둔화하던 시기였다. 농산물 예외를 요청했지만 국민권익위에서 받아들이지 않았다. 나는 식사 중에 두 가지 해결방식을 제시했다. 하나는 김영란법 기준에 맞춰 농산물을 꾸려 '착한 선물'로 홍보해 수요를 만드는 것이었고, 다른 하나는 과일 소비를 촉진하기 위해 공공 분야에서 과일 간식을 확대하는 것이었다. 이 제안은 우리나라에서 과일 생산이 제일 많은 경북에서 대선 공약이 되기도 했다.

이후 문재인 대통령은 농림부 업무 보고에서 가장 먼저 '학교 과일 간식' 사안을 지시했다. 다행히 2018년 8월 30일에는 김현권 의원이 주도한 '식생활교육지원법' 개정안이 통과되어 초등학교 과일 간식 지원의 법적 근거가 마련되었다. 이 사업이 실행되면 아이들의 간식이 과자에서 과일로 바뀜으로써 장기적인 소비층을 만들 수 있다. 하지만 이 사업은 여전히 초등학교 돌봄교실만 지원되고 있으며, 국가 예산 배정에서 뒤로 밀려 있는 상황이다.

나의 정치이력이 현장 중심에서 쌓아 올린 것이었다면, 나의 청와대 경험은 현장경험과 전체를 아우르는 것이 왜 중요한지를 경험하게 해 주었다. 국민 모두가 대한민국 최고의 권력이라 생각하는 청와대는 국민 위에 군림하는 장소가 아니다. 많은 사람들이 대통령의 성공, 정부의 성공, 국민의 승리라는 하나의 목표를 위해 새벽부터 늦은 밤까지 뛰는 곳이다.

그런 곳에서, 문재인 대통령과 함께 일할 수 있었던 것은 내가 수세싸움에서 얻은 성과와 보람만큼이나 큰 경험이었다.

청와대 근무 시 문재인 대통령과 정책 토론

지방에서
대한민국의
미래를 찾다

3장

검찰의 시대, 검찰의 나라

나를 무너뜨린
나주 화훼단지 사건

나는 검찰의 적폐를 누구보다 가까이서 경험한 사람이다. 대개의 국민들은 검찰권력을 불신하면서도 그들이 주장하는 사실을 믿거나 피의자의 주장을 의심한다. 심지어는 명백한 허위사실이 확인되었다 해도 정치적 경쟁의 무대에서는 확대 재생산되어 상대를 공격하는 소재로 활용되기도 한다.

흔히 보수언론에서는 신정훈을 300명 국회의원 중에서 전과가 많은 국회의원으로 낙인 찍곤 한다. 정치적 상대로부터는 전과 5범이라는 소리도 듣는다. 일반 시민들에게 전과자 프레임은 정치인으로서 가장 치명적인 낙인효과가 있다. 그러나 어떤 일과 관련된 전과인지가 중요하지 않겠는가? 대게 전과 프레임은 그 내용보다 횟수에 훨씬 더 민감하게 작동되는 것 같다. 나의 다섯 차례 전과기록 중에서 두 차례는 학생운동과 농민운동 과정에서 형사 처벌된 민주화운동 관련 사건이다.

나머지 두 차례는 시장으로서 공적 임무를 수행하는 과정에서 시장으로서 행정적 책임을 진 사건이다. 단체장으로서 행정적 판단에 대한 잘잘못에 대한 가치판단은 유보하더라도 두 차례의 전과기록은 금품과 관련된 전형적인 공직비리나 개인 비리가 아니라는 것이다. 그렇기 때문에 민주당의 엄격한 공천심사나 청와대의 검증 절차도 무사히 통과할 수 있었다. 그러나 매번 선거철만 되면 2, 30년 전의 전과기록은 또다시 정치인의 부적격 사유로 분류되거나 정치적 공격 거리가 되었다.

2008년 호남지역에서 무소속 재선 시장으로서 맹활약 중이었던 나를 시장직에서 끄집어 내린 자들은 지역의 정치세력들과 결탁한 정치검찰이었다. 나를 옭아맨 화훼단지 사건은 농업인에게 지원되는 보조금 사업으로, 이미 2006년 8월 광주지검 특수부(박찬호 부장)에서 단체장의 정당한 행정행위로 판단하여 무혐의 처분을 받은 사건이었다. 그런데 1년 후 새로 부임한 지검장의 강력한 의지에 의해 자신들이 내린 무혐의 처분을 뒤집어 다시 기소하였다.

훗날 언론을 통해 알게 된 일이지만 검찰에서 화훼단지 사건의 재조사를 지휘한 사람은 '강기훈 유서대필 조작사건'을 담당했던 주임검사 신모 검사였다. 그들이 유서대필 사건으로 기소했던 강기훈은 나와 같이 독재 정권에 맞서 싸우다 교도소에서 1년 가까이 함께 지낸 학생운동 동지이자 친구이다. 92년, 유서대필이라는 희대의 사건을 조작했던 이들이 15년이 지난 후에 신정훈의 화훼단지사건에 개입해서 짜맞추기 수사 기법으로 나를 시장직에서 끌어내린 자들이라고 생각하니 얼마나 기가 막힌 일인가?

그들이 유서대필 사건의 범인으로 조작한 강기훈은 권력의 사법부 재판에서도 유죄판결을 받아 정상적인 삶이 파탄 나는 험난한 삶을 살아야 했다. 다행히, 20년이 넘는 끈질긴 진실규명 투쟁을 통해, 대법원의 재심판결을 통해(2015.5) 최종 무죄판결을 받았다. 검찰에서 채택한 필적감정이 신빙성이 없다는 이유였다. 검찰의 증거채택은 고의였을까 실수였을까? 한 젊은 청년의 삶이 갈기갈기 찢어졌지만 검찰은 자신들의 사법피해자들에게 아무런 사과나 피해의 회복을 위한 조치가 없다.

신정훈을 시장직에서 끌어내린 화훼단지 사업은 대규모의 현대식 비닐하우스를 설치하는 국가 보조 사업이었다. 비닐하우스 시설공사가 80퍼센트 이상 지어졌을 때, 경남 고성의 폐광에서 발생한 이타이병이 언론에 보도되면서 비슷한 상황에 있는 나주 화훼단지도 폐광산 지역이라는 사실이 알려져 언론의 집중 조명을 받았다. 관계 당국에서 감사를 나왔고, 나도, 나주시의회에서도 현황을 파악했다.

다행히 건설 중인 화훼단지가 오염된 토양이었지만 토경재배가 아닌 양액재배 방식으로 설계되었고 공정이 80 퍼센트로 이미 준

지방에서 대한민국의 미래를 찾다

공을 앞두고 있는 상태였다. 이미 12억원의 국비가 투입되었고, 축구장 4개 크기의 어마어마한 비닐하우스 골조공사와 비닐피복이 완료된 상태에서 정치권과 언론이 문제를 제기한 것이다.

나는 일단 사업을 중단시키고 이것을 어떻게 할지 고민했다. 광해방지 사업을 전문으로 하는 서울대에 용역을 의뢰해 하우스를 존치한 상태에서 광해방지가 가능한지 검토했고, 상급기관인 전남도나 농림부와 협의하였으며 최종적으로 '관계 공무원을 문책하고 문제점을 보완하라'는 감사원의 감사 결과에 근거하여 준공 처리하였다. 엄청난 사회적 물의와 관심이 집중된 사업임에도 나주시 공무원들은 문제가 된 현장을 회피하지 않고 헌신적인 노력을 통해 사업을 마무리한 것이다.

이를 빌미로 나를 반대하는 정치 세력들이 고발했지만, 광주지검 특수부에서는 시장으로서 정상적인 행정행위라는 판단을 담아 나에게 무혐의 처리가 내려졌다. 당연한 일이었다. 그러나 검찰의 상황이 바뀌면서 상황이 돌변하기 시작했다. 뭔가 정치적 입김이 들어간 듯했다. 새롭게 부임한 광주지검장(신상규 지검장)은 부임하면서부터 신정훈을 잡으러 왔다는 소문이 파다했다.

똑같은 사건을 재수사하는 것도 매우 이례적이지만, 재수사는 좌표가 맞춰진 전형적인 표적수사였다. 마치 고(故) 노무현 대통령이나 이재명 대표에 대한 수사처럼 이미 짜인 각본대로 나를 구속할 목적으로 수사하는 것만 같았다. 사실 검찰권력의 문제 핵심은 그것이다. 죄대로 조사하는 게 아니라 죄를 만들어서 조사할 수 있다는 것, 검찰은 시청 공무원 4명을 구속하며 그들을 압박해서, 시장이 알고 있는 농민회원에 대한 '특혜시비'라는 정해진 각본으로 상황을 몰고 갔다.

수많은 압수수색에도 불구하고 여타의 비리나 혐의점을 발견하지 못한 검찰은 지금까지 유례가 없는 배임죄로 기소했지만, 재판에서 1심 재판부는 광주지검 특수부가 내린 최초의 판단과 같이 단체장의 정상적인 행정행위로 판단하여 비록 실패한 사업이라도 단죄할 수 없다는 결론으로 무죄판결을 내렸다. 단체장의 정책결정을 사법적으로 단죄하는 것은 적절치 않다는 것이다. 그러나 안타깝게도 이 사건은 2심 재판에서 유죄를 선고받았다. 유죄 판결과 동시에 시장으로서 직무가 정지되었다. 이로써 지방에서 세상을 바꾸고자 도전했던 무소속 신정훈 시장의 정치는 민의가 아닌 사법적 판결에 의해 좌절되었다.

우연의 일치일까? 2심 재판부의 재판장은 후일 사법부의 역사상 가장 부끄러운 사법 판결의 하나로 알려진 황제노역 판결(지역건설업자의 노역장 일당을 5억 원으로 환산)의 주인공으로 불명예 퇴진을 한 토착 향판(지방 출신의 판사를 지칭하는 말) 장아무개였다. 당시 무소속이었던 신정훈의 정치적 반대편에 있었던 민주당 정책위의장의 동생이기도 했던 그는 사법부로서 부끄러운 행실에도 불구하고 여전히 광주지방법원 앞에서 전관을 누리면서 성업 중이라고 한다.

지방에서 대한민국의 미래를 찾다

자치단체장으로서 적극적인 정책결정은 민선시장에게 부여된 본연의 임무라고 생각한다. 현장행정을 수행하다 보면 그 과정에서 현실의 문제가 법적 규정으로 판단하기 어려운 문제이거나 1안이든 2안이든 장단점을 기준으로 선택해야 할 상황이 있다. 이런 상황에서 단체장이 자신의 정책적 판단에 근거하여 정책의 추진 여부를 결정하는 것은 공직자로서 당연한 임무요, 책임이라 할 것이다.

지금도 나는 당시의 나주시 공무원들이 정당하고 적극적인 행정을 했다고 생각한다. 하지만 그건 내 맘속의 신념일 뿐 현실이 바뀌지는 않는다. 그 배임판결로 담당 공무원들은 직무에서 파면되었고 나는 아직까지도 변상금이라는 적지 않은 비용을 매달 물고 있다. 벌써 10년이 넘은 고통이다.

대부분의 공무원은 자신의 직무에 대한 민원이 들어오면 그냥 놔둬버린다. 자칫 하다가는 감사에 걸리거나 투서라도 들어가면 검찰의 표적이 되기 때문이다. 실제 현장에서는 그런 일이 수도 없이 반복된다. 민원을 피해버리면 공무원은 책임을 면하겠지만 그 피해는 현장의 국민들에게 돌아갈 수밖에 없다. 시민을 섬겨야 하는 시장으로서 나는 그런 상황을 방치할 수 없었다. 화훼단지 사업에서도 내 지시에 따른 공무원들이 불이익을 당했으니 얼마나 억울한가. 지금도 그분들을 뵈면 면목이 없다.

검찰의 이런 행태는 중앙정치권에서만 폐해를 일으키는 게 아니다. 오히려 지역에서 느끼는 검찰의 권능은 상상을 초월할 정도로 막강하다. 압수수색 한번 들어오면 시청은 난리가 난다. 지역사회에 엄청난 소문도 퍼진다. 수사권, 기소권, 영장청구권이라는 막강한 권한을 바탕으로 검찰권은 사실상의 저승사자로 작동하게 된다.

또 이런 일도 있었다. 겨울철에 생산하는 보리는 수요가 많지 않아 계약재배를 하지 못한 농가에 사료용으로 수확하도록 하고 그 수확비용을 나주시가 지원해 주었다. 농림부에서 우수행정으로 채택할 정도로 적극적 행정이었다. 그런데 이것도 특혜의혹이 있다고 누군가 고발했다. 전국 최초의 마을택시도, 농번기철 마을 공동급식도 정치적 의도로 고발되었다.

농민들이 야적한 벼를 처리하면서 나주시가 운반비를 지원해줬는데 이것도 시장의 선심성 비용이라면서 선거법 위반으로 나를 고발했다. 오로지 문서에 적힌 글자 그대로 고발하면 검찰은 글자 그대로를 수사한다. 한번은 나주에 폭설피해가 나서 정부에서 상당이 많은 특별교부세를 지원해 주었다. 일반적인 재해 기준보다 많은 돈이 내려왔다. 기준을 세워 피해를 본 집집마다 나눠주었는데, 사후에 그것을 문제 삼았다. 일일이 사진을 찍어서 현장을 고발했다.

일단 고발되면 해당 공무원은 조사를 받아야 한다. 그 과정에서 그 사건 자체가 아닌 다른 문제가 불거지기도 한다. 검사들은 자신들의 실적을 부풀리는 데 필요한지 모르지만 현장에서 능동적으로 일하는 사람들 입장에서는 '죽어라' 하는 것과 다르지 않다. 이런 상황에서 어느 시장이 직원들에게 '소신껏 일하라'고 할 수 있는가?

지방에서 대한민국의 미래를 찾다

과거 나주시가 했던 여러 가지 창의행정에는 하나같이 발목을 잡는 고발이 이어졌다. 중앙정부에서 창의행정으로 상을 주면서 지역에서는 고발당해 검찰의 수사를 받는 일이 어디 한두 개인가? '설거지론'이라는 말이 있다. 설거지를 하다 보면 접시를 깰 수도 있는데, 접시를 깨지 않으려면 설거지를 포기해야 한다. 그런데 이런 일을 한번 겪고 나면 공직사회는 움직이지 않게 된다. 그러면 창의적 행정은 없어지고 공무원들은 법규만 들여다보는 보수적 행정, 안일행정이 될 수밖에 없다.

창의적인 행정이라면 과거에 누구도 해보지 않는 길을 새롭게 시도하는 행정일 것이다. 그러니 전례가 없고, 뒷받침하는 제도가 아직 정비돼있지 않은 경우가 많다. 그것을 호재로 삼아 지속적으로 고발하고 그걸 기계적으로 수사하고 기소하는 이런 관행이 사라지지 않으면 궁극적으로 대한민국의 지방자치는 불가능하다. 누가 앞장서겠는가?

결국, 사정기관, 감사기관을 앞세운 윤석열 정부의 최대 피해자는 민주당도 이재명도 아닌 힘없는 대한민국의 국민들이다. 이런 일을 겪고 보니 2009년 노무현 대통령이 검찰수사로 의혹을 받을 때 노 대통령의 심정을 알 것도 같았다. 대장동이라는 이름으로 수백 번의 압수수색을 받고 있는 이재명 대표는 어떤가? 그리고 정권의 정치놀음 때문에 희생되는 수많은 성실한 공무원들의 희생은 어떻게 이야기할 수 있을까?

이재명 대표 단식투쟁,
그 시간의 기록

아마 2023년 8월 29일로 기억한다. 갑자기 당 지도부로부터 후쿠시마 오염수 규탄대회가 목포에서 가능하겠냐는 연락이 왔다. 나는 '전남도당이 가지고 있는 조직력이 있기 때문에 충분히 가능하다. 해 봅시다'라고 응답했다.

그때 당시는 이재명 대표가 지속적으로 검찰로부터 압수수색과 또 출석 요구를 받고 있던 상황이어서 후쿠시마 오염수 문제와 맞물려 당 지도부 역시도 매우 힘든 시기였을 것이다. 당시엔 윤석열 정부의 가장 약한 고리를 치면서 당 대표에 대한 정치 탄압을 부각시켜야 할 상황이었는데 목포가 그 첫 번째 대상지였던 것이다.

다급한 마음에 나는 도당 사무처에 연락을 하고 긴급히 사람을 모으도록 했다. 각 지역위원회에 협조요청을 보내고 목포역 광장

현장 상황도 파악해야 했다. 적어도 목포는 후쿠시마 원전에 대한 강한 반발이 있었기 때문에 우리가 당원조직을 동원하지 않더라도 자연스럽게 시민들이 가세할 수 있다는 믿음이 있었다. 24시간도 안 되는 시간에 대중집회를 준비한다는 것 자체가 대단한 무리였다. 하지만 전남도당 위원장이었기 때문에 나는 그 규탄대회 준비에 최선을 다했다.

다음 날 아침, 현장 최고위원회에서 만난 이재명 대표는 어딘지 모르게 결연한 모습이었다. 뭐라고 꼬집어서 표현하기는 어려웠지만 얼굴에서 심각한 느낌이 있었다. 당시의 검찰출두와 언론의 공격이 워낙 거친 시기였으니 그런 이유 때문이라고 나는 생각했다.

사람들은 생각보다 많이 모였다. 하루 만에 준비한 행사였지만 대략 1,500명 정도의 전남도당 당원들과 도민들이 모였다. 나는 이재명 대표 바로 옆자리에 앉아 이재명 대표와 이야기를 나누는데 후쿠시마 원전에 대한 민심의 반응은 물론 자신의 검찰출두 문제 등에 대한 민심을 자세히 물어왔다.

적어도 전남지역의 정서는, 언론에서 말하는 사법 리스크를 정치 탄압으로 인식하고 있다는 이야기를 나눴다. 최소한 우리 전남 지역민들은 인내심의 한계에 도달한 상황이었기에 그런 정서를 가감 없이 전달해야 할 필요가 있었다.

2023.8.30. 목포역 광장. 후쿠시마 오염수 해양투기 규탄대회.
이날, 이재명 대표는 후쿠시마 원전 문제부터 자신의 검찰 출두까지
전남 민심에 대해 궁금해했고, 나는 가감없이 전달했다.

목포역 규탄대회 다음 날,
이재명 당대표는 윤석열 정권에 맞서 '무기한 단식'을 시작했다.
뜻을 같이 하는 의원들과 이 대표의 단식농성에 동참해 힘을 모았다.

"사법 리스크에 주춤거리지 말고 단호하게 싸우셨으면 좋겠습니다." 이렇게 짧고 강하게 내가 지역의 많은 분들을 만나 들은 지역 민심을 전달했다.

그날 내가 한 얘기를 당 대표가 어떻게 받아들였는지는 알기 어렵다. 하지만 다음 날 뉴스를 보며 나는 깜짝 놀라고 말았다. 이재명 대표의 '단식선언'이 있었던 것이다.

순간 나는 '혹여 어제 내가 얘기한 것 때문일까?' 하는 생각을 했지만 당 대표의 자리라는 게 어느 지역의 민심만으로 뭔가를 결정한다는 것 자체가 어불성설이었기 때문에 나는 이재명 대표의 단식선언이 어떤 의미인지 파악하느라 여기저기 많은 대화를 나누었다.

언론의 반응은 일단 싸늘했다. 언론만이 아니었다. 당내 일부 반응도 '생뚱맞은 단식'이라는 단어가 나왔고 '대체 왜 이러냐' 하는 반응도 있었다. 국민의힘 반응은 당연히 '단식쇼, 방탄단식'이었다.

단식선언 이후부터 실제 단식에 돌입하는 며칠간 단식쇼, 방탄단식, 생뚱맞은 단식이라는 비난과 조롱은 그치지 않았다. 나는 370번에 이르는 압수수색과 여섯 차례의 검찰 출석 요구에 맞서 이재명 대표가 선택할 수 있는 방법은 그리 많지 않았을 거라고 보았다.

내용 면에서도 지극히 정상적이지 않고 과정이나 절차조차도 야당 대표에 대한 모욕주기가 명백한 상황이 계속되었기 때문에 누구라도 그런 선택을 할 수밖에 없다고 생각한다.

하지만 많은 사람들은 초기 열흘 정도는 이재명 대표의 단식에 대해 진정성이 떨어지는 거 아니냐 하는 반응도 많았다. 언론도 대충 그런 반응이었다. 전국에서 이재명 대표를 지지하는 사람들이 동조단식에 들어갔지만 전체적인 분위기는 이재명 대표의 단식을 조롱하는 분위기가 더 강했다.

젊은 시절 단식투쟁을 수없이 반복했던 나는 단식에 관해 누구 못지않게 잘 안다. 단식투쟁은 그냥 쉽게 결정할 수 있는 투쟁방식이 아니다. 삭발투쟁, 혈서투쟁하고는 차원이 다른 문제다.

과거 김영삼 대통령은 '단식하면 죽는다'는 짧은 말로 자신의 단식경험을 일갈했다. 결국 단식투쟁이란 무엇보다 자신과의 싸움에서 이겨야 하는 극한의 투쟁이다. 특히 정치적인 목적의 단식은 국민이나 지지자들로부터 인정받지 못하면 몸은 몸대로 망가지고 성과는 성과대로 얻지 못하는 극단적인 방식이다.

단식투쟁을 하기 위해서는 명백한 요구조건이 있어야 한다. 그렇지 않으면 언제 멈출지를 그 타임을 맞추기 어렵다. 타임을 잘 못 잡으면 명분이 사라지고 단식 자체도 의심을 받을 수 있다. 결과적으로 정치인에게 단식은 최후의 수단이어야 한다.

나도 단식을 해보지만, 인간이기 때문에 중간에 끊임없는 회의론과 약해지는 마음과도 싸워야 한다. 단식은 먹어야 사는 인간의 신체적 한계와 마주하는 일이다. 단식하는 자식을 찾아온 부모 앞에서 죄스러움을 이겨내며 넘어야 하는 커다란 산 같은 것이다.

나는 단식을 할 수밖에 없는 이재명 대표의 마음을 이해하기는 했지만 말리지 않을 수 없었다. 나뿐만이 아니었다. 많은 당내 인사들이 '단식을 멈추고 제대로 싸우자'고 설득했다. 하지만 이재명 대표의 의지는 조금도 꺾이지 않았다.

ⓒ 연합뉴스

2023.9.12.
대북송금 의혹으로 수원지검에서 조사를 끝내고
국회로 돌아온 당대표를 맞이했다.
여섯 번째의 소환조사로 당대표는 많이 수척해지고,
발걸음도 힘겨워 보였지만, 표정과 눈빛은 단단해 보였다.

그렇게 15일이 지나갔다. 지금까지 조롱하던 언론도, 사람들도 이재명 대표의 건강을 걱정하기 시작했다. 더 많은 원로들이 찾아와 '단식을 풀고 함께 싸우자'고 했지만 이재명 대표는 아랑곳하지 않았다. 시간이 더 지나면서 나는 이재명 대표가 그냥 시작한 단식이 아님을 깨달았다. 진짜 목숨을 걸고 하는구나, 직감적으로 느꼈다.

단식 20일이 지나가면서 분위기는 급반전되었다. 이제 조롱은 사라지고 진짜 야당 대표의 건강을 걱정하는 분위기가 역력했다. 그때가 단식투쟁의 변곡점이 아니었나 되돌아본다.

국회 원내 1당 당대표의 단식에도 불구하고 여당 대표나 대통령의 반응은 싸늘했다. 누구 하나 찾아오지 않았다. 심지어 이런 일이 생기면 전면에 나서는 정무특보조차 찾아오지 않았다. 하지만 이 단식투쟁은 정권의 부당한 탄압, 검찰의 정치적 수사에 대해 다시 한 번 알려주는 계기가 되었음은 분명하다.

물론 단식 중인 당 대표의 구속영장 청구에 대한 체포동의안이 국회에서 통과된 것은 참으로 안타깝다. 솔직한 심정으로는 안타까운 정도가 아니라 분노를 느낀다. 개인적인 감정으로 생각하면 가결에 표를 던진 민주당 동료의원이 원망스럽다.

그렇다고 그들을 색출하여 징계하는 것은 또 다른 문제다. 근본적으로 당론으로 채택하지 않는다는 결정이 있었다. 자유투표를 하도록 해 놓고 징계를 한다는 것 자체가 내부의 반발을 불러올 수 있었고 명분도 약했다. 그로 인한 논란은 더 이상 논의되지 않는

지방에서 대한민국의 미래를 찾다

것이 우리 당을 위해서도 더 좋은 일이라고 생각한다.

다행스럽게도 국회에서 통과된 체포동의안은 법원에서 기각되었다. 그동안 내가 느껴보지 못한 정의로운 사법부의 결정이었다. 내가 지금까지 살면서 그날만큼 법원에 고마운 마음이 든 적이 없었다.

ⓒ 연합뉴스

2023.10.6.
국회로 돌아온 당대표와 함께.
이날 본회의에서 '해병대 채상병 사망사건 진상규명'
특검법의 패스트트랙(신속처리안건) 지정 동의안이 통과됐다.

검찰권력의 민낯

참여연대는 2023년 5월 '검찰의 나라'라는 제목으로 검찰정권 출범 1년을 맞이하는 각종 자료를 모아 만든 책자를 공개했다. 시민단체가 어떻게 이런 자료를 다 모았을까 싶을 정도로 방대한 자료와 기초 데이터를 찾아 편집한 내용은 350페이지에 달한다. 검찰권력에 대한 시민사회의 감사가 얼마나 필요한지를 새삼 보여주는 일이다.

올해 국정감사 과정에서 우리 당 박용진 의원이 법무부에서 제출받은 '판검사 공무원 범죄 접수·처리 현황' 자료를 살펴보면, 지난해 판사가 피의자로 입건된 사건은 4,812건이고 검사가 피의자로 입건된 사건은 5,809건에 달했다. 문제는 이 중에서 검사에 대한 약식 기소 외에 기소된 건은 0건이다.

2022년 검찰이 처분한 형사사건 총 146만3477건 가운데 기소는 60만8836건으로, 기소율이 41.6퍼센트를 기록했지만 판검사 기소율은 사실상 0퍼센트다. 이러니 '유검무죄, 무검유죄'라는 말이 자연스럽게 나온다. 물론 현실적인 문제도 있다. 우리나라 검사가 대략 2,500명가량인데 2022년 한 해에만 검사가 피의자로 입건된 사건이 5,809건으로 1인당 평균 2건씩 입건됐다는 것인데 이건 너무 과도하다. 여러 가지 자료를 살펴봐도 공수처 설치 이후 검사에 대한 민원성 고소 고발이 많이 발생하고 있지만 기소율 0퍼센트라는 것은 검사의 지위가 우리나라 형사 사법시스템에서 어떤 영향을 미치는지 짐작할 수 있다.

10년 전 자료를 뒤져봐도 2008년 613명 중 0명, 2009년 785명 중 2명, 2010년 952명 중 0명, 2011년 364명 중 1명, 2012년 307명 중 2명으로 집계됐고 2013년 6월까지 접수된 324명 중에서는 3명의 검사만이 기소된 것으로 나타났는데 이건 다른 일반인들에 대한 형사사건 기소율과도 엄청난 차이를 보여준다. 이러한 사실로 볼 때 우리가 모르는 사이 검사들은 사실상 법 위에 군림하고 있었다 해도 과언이 아니다.

오랜 시간 검찰은 검사 출신이 임명되어온 민정수석비서관과 검사의 대통령비서실 편법 파견을 통해 역대 대통령실·정권과 음양으로 유착해왔다는 것은 이미 알려진 일이다. 그런 이유로 참여정부에서는 검사의 파견을 받지 않고 문재인 민정수석을 기용했다. 이

때 검찰 조직에서 느낀 충격은 상상 이상이라고 한다. 민정수석비서관에 언제나 검사가 앉아 있어야 정권의 동향도 살피고 정권이 요구하는 입맛에 맞는 수사가 가능했는데 그 원천을 차단해 버린 조치였기 때문이다.

검사의 대통령 비서실 파견은 이미 오랫동안 문제가 제기된 것이다. 검사의 청와대 파견의 폐해가 심해지자 현직 검사의 대통령실 파견을 금지하도록 검찰청법이 개정되었지만 검사 사직 후 대통령실 임용, 그 후 검사 재임용이라는 편법이 동원됐다. 이런 편법을 막기 위해 2017년 2월 검사 퇴임 후 1년간 대통령실 임용 금지, 대통령실 퇴직 후 2년간 검사 재임용을 금지하도록 한 검찰청법이 개정되기도 했다.

검찰개혁을 추진했던 문재인 정부는 대통령비서실장과 민정수석비서관, 법무부 장관을 비검찰 출신 인사로 임명했다. 그러나 검찰과의 관계가 극도로 악화된 2020년 말에는 다시 검사 출신 신현수 변호사를 민정수석에 임명했다. 신현수 민정수석은 박범계 법무부 장관의 2021년 상반기 검찰 정기 인사 과정에서 윤석열 검찰총장의 의견을 관철시키려다 빚어진 갈등으로 사직한 것으로 알려졌다.

윤석열 대통령은 대선 당시 민정수석비서관직의 폐지를 공약했다. 2022년 5월 윤석열 정부가 시작되면서 사정기관을 총괄하는 민정수석비서관을 폐지하되 고위공직자의 인사검증 기능은 법무부와 경찰 등에 이관하고, 대통령실에는 인사 추천 기능만 부여하겠다고 밝혔다.

2022년 6월, 윤석열 정부는 법무부에 공직후보자의 인사 정보를 수집 및 관리할 수 있는 권한을 부여한 '인사정보관리단'을 신설했다. 강력한 수사기관인 검찰을 통할하는 법무부에 인사정보관리단까지 설치됨으로써 법무부와 검찰의 정보기능이 대폭 강화되는 것 아니냐는 비판이 제기되었다.

민정수석비서관직이 폐지되었다고 하지만 그 기능의 상당 부분을 법무부에 이관했다는 점에서, 사실상 대통령의 최측근 검사 출신인 한동훈 법무부 장관이 과거 민정수석비서관의 권력까지 행사하게 됐다는 비판이 제기되었다. 또한 검찰을 지휘감독하고 인사와 징계 등을 담당하는 법무부 장관에 현직 검사를 지명하여 법무부와 검찰의 분리 및 견제를 무력화한다는 비판이 제기되었다. 이로 인해 검찰 수사의 정치적 중립성 또한 의심받게 되었다.

하지만 중요한 것은 이러한 비판이 아무런 현실적인 강제를 하지 못한다는 점이다. 언론에서 떠들어도, 심지어는 국회에서 공식 발언을 통해 질책해도 이 정부는 거의 소귀에 경 읽기 수준으로 대응한다. 과거에는 부끄러움이라도 있었지만 지금은 아예 그런 태도조차 찾아보기 어렵다. 검찰권력의 민낯이 이렇게 부끄럽다.

검사정권을 증명하는
사건 목록

1) 문재인 정부의 서해 피살 공무원 월북 결론 관련 의혹 수사(2022)

2) 문재인 정부의 북한 주민 북송 결정 의혹 수사(2022)

3) 문재인 정부의 공공기관 블랙리스트 의혹 수사(2022)

4) 방통위의 종편 조건부 재승인 사건 수사(2022)

5) 이재명 대선 후보의 공직선거법상 허위사실공표 사건 수사(2022)

6) 성남FC 뇌물성 후원 의혹 및 성남지청장의 수사무마 의혹 수사 (2022)

7) 대장동 개발 특혜 비리 사건 수사(2021)

8) 김만배와 50억 클럽 및 정관계 로비 의혹 사건 수사(2021)

9) 김만배의 검찰 수사 무마 및 재판 거래 의혹 사건 수사(2021)

10) 김용 민주연구원 부원장의 불법 정치자금 수수 의혹 사건 수사(2022)

11) 쌍방울그룹 대북송금 사건과 이재명 대선 후보의 변호사비 대납 의혹 수사(2022)

12) 더불어민주당 전 사무부총장 이정근 게이트 수사(2022)

13) 더불어민주당 관계자의 취업청탁 의혹 수사(2022)

14) 공정위의 화물연대 공정거래법 위반 혐의 고발 사건 수사(2023)

지방에서 대한민국의 미래를 찾다

이 사건 목록은 2023년 5월 참여연대에서, 윤석열 정부가 검찰 정권이라는 일종의 증거 사건으로 발표한 것이다. 사건 중에는 윤석열 대통령이 검찰총장 시절부터 시작한 수사가 있고 대통령 이후에 개시한 사건도 있다. 1번부터 3번까지는 사실상 문재인 정부 시절부터 대놓고 자기가 속한 정권을 향해 칼을 꽂은 사건이다. 한직 중의 한직이라 여기던 대전 고검 검사에 있던 사람을 일약 서울중앙지검장과 검찰총장으로 발탁한 대통령을 향해 칼을 휘두른 것이다.

자기를 발탁했으니 무조건 충성하라는 의미가 아니다. 발탁 배경에는 문재인 정부의 주요 과제였던 검찰개혁에 대한 동의가 있었다. 하지만 검찰총장이 되자마자 검찰개혁은커녕 무소불위 검찰권력을 휘두르며 문재인 정부에 맞서 몸집을 키웠다. 그 결과가 대통령이다.

물론 정책 결정이나 시행 과정에 이권이 개입하고 부정과 비리가 있다면 살아있는 권력도 수사해야 한다. 하지만 형사적 문제를 다루는 검찰이 정책결정 과정까지 사법적 수단으로 수사하는 것은 사회에 심각한 혼란을 불러일으킨다. 이런 수사는 사회적 혼란을 넘어 국가의 미래를 갉아먹는 일일 수도 있다. 국민에게 선택받은 지도자는 그 신념과 통찰로 국가의 미래를 위한 정책을 펼치기 마련이다. 한데 그 정책을 두고 법의 잣대를 들이밀고 수사를 한다면, 어떤 정책 결정자가 나라의 미래를 위한 정책을 펴고 새로운 시도를 하겠는가.

문재인 정부는 세계적인 흐름에 따라 신재생에너지를 확대하는 정책을 시행했다. 이 정책결정 자체를 수사할 수 있는가? 이건 불가능한 일이다. 정책결정이 수사 대상이 되면 정책 결정자 누구도 정책을 시행할 수가 없다. 국민 앞에 공약을 내걸고 국민의 선택으로 당선되어 그 공약을 정책으로 옮겨 실행했는데 그 정책을 수사한다면, 그건 바로 국민에 대한 수사나 다름없는 일이다. 즉, 국민의 자유로운 정치적 선택마저 수사로 옭아매겠다는 발상인 것이다.

다시 말하지만 정책결정 과정에서 뇌물이나 명백한 불법이 없는한 정책결정 자체를 사법적으로 수사해서는 안 된다. 정책 결정자는 모든 정책마다 신중하고 최선의 결과를 내도록 노력해야 하지만 모든 정책이 성공할 수는 없다. 그렇다고 실패를 두려워한다면 아무것도 할 수 없다. 정책결정 자체에 대한 수사는 실패가 두려워 복지부동하는 것처럼 임기 동안 어떤 일도 하지 말고 자리만 지키라는 말과 다르지 않다.

앞에 표시한 14개의 사건목록 중 절반인 7개는 이재명 대표와 관련된 사건이다. 이 사실은 정권이 출범한 지 1년 6개월이 되도록 대선 상대 후보를 한순간도 그냥 두지 않았음을 그대로 보여준다. 그 상대 후보가 국회 다수당인 제1 야당 대표임에도 계속해서 수사하고 있는데 이런 정권이 세계 어느 나라에 있을까? 이처럼 윤석열 정권은 수사를 통해 정치를 통제하며 상대를 탄압해서 반사이익을 얻으려는 황당한 모습을 보여주고 있다. 평생 해본 일이라고는 수사밖에 없는 검사 출신이다 보니 정치를 하고 통치를 해야 할 대통령이 국정을 수사하듯 다루고 있는 것이다.

법은 최소한의 윤리라고 한다. 이것은 법에 의한 수사 역시도 최소한으로 하는 것이 옳다는 말과도 같다. 하지만 윤석열 정부에서 한동훈 법무부 장관은 모든 사안을 사법적 수사와 기소대상으로 삼고 있다. 얼마나 억지스러운지 양식 있는 국민들은 알 것이다.

특히 최근 이어지는 일련의 언론 탄압 역시도 모두 수사와 압수수색 방식이다. 조국 장관 인사청문회가 진행되는 상황에서 검찰이 압수수색을 진행했던 모습을 그대로 보여주고 있다.

이 사건 목록은 역으로, 검찰의 이재명 대표에 대한 수사가 얼마나 작위적인지를 보여주는 것이기도 하다. 지금까지 역대 정치사건 수사를 1년 6개월간 하는 경우는 없었다. 보통의 특검도 수사과정은 3개월을 넘지 않는다. 일반적인 수사는 2달을 넘기지 않는다. 하지만 이재명 대표에 대한 수사는 이런 상식을 넘는 일이다. 얼마나 부당한 일인가?

윤석열 정부의
시행령 통치

｜
｜

윤석열 정부가 검사정권이라는 것은 다른 무엇보다 검찰행정의
실행방식을 시행령을 이용하고 있다는 점에서 분명히 나타난다. 우
리나라 헌법은 '입법권은 국회에 속한다'라고 규정하면서, 예외적
으로 행정입법의 권한을 집행부에 위임하고 있다. 미국 대통령은
법률안 제출권조차 없다.

그러나 윤석열 정부는 여소야대의 상황을 극복하기 위해 노골적
으로 시행령 통치를 해왔다. 이명박 정부도 4대강 사업을 추진하면
서 시행령 개정을 통해 예비타당성 조사를 우회했고, 박근혜 정부
의 역시, 세월호특별법의 취지를 무하하게 하는 방식으로 시행령을
만들어 특조위 활동을 축소했었다. 이번 윤석열 정부 들어, 이른바
'시행령 통치'는 극에 달하고 있다.

윤석열 정부는 과거 청와대의 고유업무로 인정되던 인사검증시스템을 법무부로 가져가기 위해 법무부 인사정보관리단을 신설하면서 정부조직법을 회피했다. 시행령에 담으면 된다는 방식이었다.

2022. 6. 7. 시행된 '공직후보자 등에 관한 정보의 수집 및 관리에 관한 규정'(대통령령)의 골자는 인사검증의 효율화를 명분으로 과거 민정수석실의 인사검증 기능을 법무부 인사정보관리단으로 이관하도록 하면서, 대통령실 인사기획관의 인사 추천, 법무부 인사정보관리단의 1차 검증, 대통령실 공직기강비서관 최종 검증의 체계로 인사검증 체계를 재편한다는 것이었다.

문제의 본질은 법무부가 인사검증 업무를 수행하기 위해서는 정부조직법 개정이 필요함에도 시행령, 시행규칙 개정을 통해 정부 기능 재편을 강행한 것이다. 인사검증은 개인정보나 사생활 침해 등 국민의 기본권과 직접 관련된 업무라는 점에서 시행령에만 근거하여 조직을 신설하는 것은 법적·행정적으로 부적절하다.

진짜 인사검증이 필요했다면 인사혁신처 내부에 조직을 신설하는 것이 옳다는 의견에 대해 인사혁신처는 "어느 기관에서 수행하던 대통령 인사사무의 효율성·적정성을 높이는 것이 중요하다"는 검토 결과를 밝힌 바 있다.

그러나 법무부가 지금까지 해온 일을 보면 인사검증을 더 잘한다는 어떤 근거도 없다. 정순신 사태를 시작으로 지금까지 대법원장 후보자, 여성가족부 장관 후보자를 비롯해 수많은 문제 인사들을 정상적인 후보인 것처럼 지명했다는 데서 잘 알 수 있다. 이는 사실상 법무부를 장악하고 있는 검찰에게 정부 인사 정보권을 넘겼다고 해도 과언이 아니다.

행정안전부 경찰국 신설 문제 역시 '행정안전부와 그 소속기관 직제'(대통령령, 2022. 8. 2. 시행) 및 '행정안전부와 그 소속기관 직제 시행규칙'(행정안전부령, 2022. 8. 2. 시행)에 의해 이루어졌다.

'정부조직법' 제34조의 근거로는 치안 또는 경찰과 관련한 사무를 행안부 장관의 소관사무로 해석하기 어렵다는 전문가들의 의견이 우세했지만 윤석열 정부는 경찰국 신설을 강행했다.

과거 경찰위원회 위원장을 역임한 서울대 로스쿨 박정훈 교수는 경찰국 신설이 정부조직법 제34조 제5항에 대한 잘못된 해석에 기초해 있으며, 경찰통제기관은 행안부 장관이 아니라 경찰위원회라는 의견을 밝히기도 했다. 그러나 우리나라 경찰의 통제권은 명백하게 국가경찰위원회가 그 주체다. 윤석열 정부는 그 사실 자체를 부정하고 있는 것이다.

시민단체와 여러 관계 전문가들의 반발에도 불구하고 윤석열 정권은 행안부 안에 경찰국을 신설하고 과거 행적에 대한 논란이 일었던 김순호를 초대 국장으로 임명했다. 김순호 국장의 임명은 소위 자기들을 위해 충성을 바치는 사람이라면 어떤 경우라도 쓴다는 윤석열식 정치철학의 소신을 보여주는 사례라 하겠다.

시행령에 의한 통치의 핵심 사안은 누가 뭐래도 검찰 수사권의

원상회복이다. 문재인 정부에서는 오랜 시간 동안 끌어온 검경수사권 조정 문제에서 일정 부분 성과를 거두었다. 가장 중요한 수사지휘권 문제부터 수사의 개시, 종결권까지 현실에 맞는 의견 조율을 통해 성과를 이루었다. 하지만 윤석열 정부는 '검사의 수사개시 범죄 범위에 관한 규정'(대통령령, 2022. 9. 10. 시행)을 개정하여 과거 검경수사권 조정을 통해 검사가 할 수 없는 수사의 범위를 모두 없애 버렸다. 사실상 검사가 마음만 먹으면 모든 수사를 할 수 있는 원래의 상태로 되돌아갔다고 보는 것이 합당하다.

어떤 면에서 생각하면 문재인 정부의 5년 기간은 검찰개혁의 기간이라고 해도 과언이 아니다. 사실 윤석열 대통령은 검찰총장에 임명되기 전 '자신이 검찰개혁의 적임자'임을 강력히 피력했다고 한다. 당시 청와대에서 이 과정을 지켜본 사람들의 증언이기 때문에 이 점은 사실에 가깝다고 나는 생각한다.

이런 시행령 통치는 법에 위배되기도 하지만 위헌적인 요소도 있다. 법의 취지와 반대 방향으로 시행령을 만들었기 때문이다.

이 과정에서 한동훈 법무부 장관은 자기 스스로가 모순에 빠지는 권한쟁의 심판을 청구했는데 이 권한쟁의심판 청구서에서 "2020년 법 개정을 통해 이른바 '6대 범죄' 이외의 영역에 있어서는 검사의 직접 수사개시가 금지되고, 경찰이 송치한 사건에 있어서도 '직접 관련성이 인정되지 아니하는 경우'에는 수사개시가 금지되었다. 이로 인하여 검사의 직접 수사 범위는 대폭 줄어들게 되었는데, 이러한 직접수사 범위 축소는 2022년 법 개정을 통해 더욱 심화되었다"고 인정했다.

한동훈 법무부 장관에게 말하고 싶다. 그렇게 법의 취지를 잘 알면서 법의 취지와 반대되는 시행령을 개정하는 것은 명백한 헌법 정신 위반 아닌가?

이 권한쟁의심판 청구에서 한동훈 법무부 장관이 권한침해라며 주장한 논거들 대부분은 배척되었다. 이른바 검수원복을 내용으로 하는 시행령은 법률적 근거뿐만 아니라 헌법적 근거마저 없는 것이다. 설령 권한쟁의심판을 통해 권한침해가 인정되었더라도 유효한 법률에 반하는 시행령 제정 및 시행은 그 자체로 위헌적임은 두말할 여지가 없다.

이렇게 법의 취지에 반하여 시행령을 만들고 이를 집행하면 국회의 입법권은 사실상 무력화된다. 이런 경우를 대비해 국회법 제98조의 2가 있는데 우리 민주당이 다수당이면서 이 부분을 제대로 챙기지 못한 것은 한 번쯤 돌아봐야 할 일이다.

제98조의2(대통령령 등의 제출 등) ① 중앙행정기관의 장은 법률에서 위임한 사항이나 법률을 집행하기 위하여 필요한 사항을 규정한 대통령령·총리령·부령·훈령·예규·고시 등이 제정·개정 또는 폐지되었을 때에는 10일 이내에 이를 국회 소관 상임위원회에 제출하여야 한다. 다만, 대통령령의 경우에는 입

지방에서 대한민국의 미래를 찾다

법예고를 할 때(입법예고를 생략하는 경우에는 법제처장에게 심사를 요청할 때를 말한다)에도 그 입법예고안을 10일 이내에 제출하여야 한다.

② 중앙행정기관의 장은 제1항의 기간 이내에 제출하지 못한 경우에는 그 이유를 소관 상임위원회에 통지하여야 한다.

③ 상임위원회는 위원회 또는 상설소위원회를 정기적으로 개회하여 그 소관 중앙행정기관이 제출한 대통령령·총리령 및 부령(이하 이 조에서 "대통령령등"이라 한다)의 법률 위반 여부 등을 검토하여야 한다. <개정 2020. 2. 18.>

④ 상임위원회는 제3항에 따른 검토 결과 대통령령 또는 총리령이 법률의 취지 또는 내용에 합치되지 아니한다고 판단되는 경우에는 검토의 경과와 처리 의견 등을 기재한 검토결과보고서를 의장에게 제출하여야 한다. <신설 2020. 2. 18.>

⑤ 의장은 제4항에 따라 제출된 검토결과보고서를 본회의에 보고하고, 국회는 본회의 의결로 이를 처리하고 정부에 송부한다. <신설 2020. 2. 18.>

⑥ 정부는 제5항에 따라 송부받은 검토결과에 대한 처리 여부를 검토하고 그 처리결과(송부받은 검토결과에 따르지 못하는 경우 그 사유를 포함한다)를 국회에 제출하여야 한다. <신설 2020. 2. 18.>

⑦ 상임위원회는 제3항에 따른 검토 결과 부령이 법률의 취지 또는 내용에 합치되지 아니한다고 판단되는 경우에는 소관 중앙행정기관의 장에게 그 내용을 통보할 수 있다. <신설 2020. 2. 18.>

⑧ 제7항에 따라 검토내용을 통보받은 중앙행정기관의 장은 통보받은 내용에 대한 처리 계획과 그 결과를 지체 없이 소관 상임위원회에 보고하여야 한다. <신설 2020. 2. 18.>

⑨ 전문위원은 제3항에 따른 대통령령 등을 검토하여 그 결과를 해당 위원회 위원에게 제공한다. <개정 2020. 2. 18.>

지방에서 대한민국의 미래를 찾다

탄핵을 너무 안 하는 나라,
대한민국

우리나라에서 '탄핵'이라는 말은 매우 무겁게 들리지만 실제 탄핵이라는 제도는 특정인을 처벌하는 개념보다는 정치적인 '불신임'을 결정하는 것이다. 탄핵을 한다고 해서 구속되거나 처벌되는 게 아니라 그냥 그 자리에서 물러나는 것에 불과하다.

더구나 국회의 탄핵은 일종의 '기소' 같은 개념이다. 그 최종 결정은 헌법재판소가 한다. 2016년 국회에서 대통령 박근혜 탄핵안이 가결되었지만 결국 그 결정은 헌법재판소가 했다. 국회가 정치적 이유로 탄핵을 남발할 것을 우려하여 그 결정을 법원이 하도록 권력을 분산해 놓은 것이다.

무엇보다 탄핵은 헌법에 정한 국회의 기본적인 권능이다. 그럼에도 우리 사회에서 '탄핵'이라는 단어가 너무 무겁게 다가오는 것은 두 가지 이유 때문이다. 첫째는 그동안 국회가 탄핵에 너무 소극적이어서 탄핵이라는 단어가 마치 엄청난 사건으로 인식되었고, 둘째는 탄핵이 마치 대통령만 대상으로 하는 것으로 인식되었기 때문이다.

누구나 범죄를 저지르면 '처벌'받아야 한다. 법 앞에 평등하다는 말은 여기에서 누구도 예외가 되면 안 된다는 말이다. 고 노회찬 의원은 "법이 만인 앞에 평등한 게 아니라 만 명에게만 평등한 거 아닌가" 하는 말로 우리 사회 사법적 판단 기준이 너무 기울어졌음을 통탄했다.

그동안 판사, 검사 등이 범죄를 저지르면 처벌받기도 했지만 대다수의 죄는 '증거부족' 등을 이유로 묻혀 버렸다. 검찰이 수사를 안 하면 달리 방법이 없다. 정치적인 압박으로 수사를 하도록 압력을 행사하는 것은 가능하지만 검찰이 수사를 안 하겠다면 어쩔 도리가 없다.

이런 문제를 해결하기 위해 '재정신청'이라는 제도가 있다. 검찰이 당연히 수사와 기소를 해야 하는 문제를 기소하지 않으면 법원에 '기소를 결정해 달라'고 요구할 수 있는 제도다. 하지만 우리나라 재정신청 인용률은 5 퍼센트 수준이다. 100건의 재정신청을 하면 실제 기소 결정이 나오는 경우가 5건에 불과하다. 따라서 검찰이 사건을 덮고 무시하면 어떤 사건을 처벌하는 것이 불가능한 게 현실이다. 만약 경찰이 수사를 하더라도 결국 기소는 검찰이 독점하기 때문에 기소를 안 하면 그만이다. 이런 잘못된 일을 바로잡는 게 국회의 탄핵이다.

이태원 참사에 대해 행안부 장관이 사법적으로 책임을 질 일이 없을 수도 있다. 하지만 국민의 안전을 책임지는 주무 장관으로서 정치적 책임을 피하긴 어렵다. 그럼에도 윤석열 정부는 이러한 정치적 책임을 외면했다. 그래서 민주당은 이상민 장관을 탄핵했고 헌법재판소는 탄핵에 이를 잘못은 아니라고 판결했다. 헌법재판소가 탄핵을 부결했다고 해서 민주당의 탄핵을 잘못된 정치적 결정이라고 말하면 안 된다. 적어도 정치적 책임을 물어 6개월간 직무정지의 처벌을 가한 것이다.

민주당이 탄핵한 검사의 경우를 살펴보자.

국회는 2023년 9월 21일 헌정사상 처음으로 검사를 탄핵했다. 1호 탄핵 대상이 된 안동완 수원지검 안양지청 차장검사는 '서울시 공무원 간첩조작 사건' 피해자를 보복 기소했다. 이건 국회의 판단이 아니라 법원의 판단이었다. 법원은 서울시 공무원 간첩조작사건 피해자 유우성 씨를 기소한 사건에 대해 '공소권 남용'이라면서 공소기각 결정을 내렸다. 검사가 피의자를 보복 차원에서 기소했다는 역사상 첫 판결이 내려졌지만 그는 아무런 처벌도 받지 않았다.

피해자 유우성 씨가 공수처에 안동완 검사를 공소권 남용으로 고발했지만 공수처 역시 공소시효가 지났다면서 불기소 처분했다.

남은 것은 국회의 권한밖에 없다. 법원도 인정한 보복 기소를 한 검사가 처벌을 받지 않았으니 국회가 대신 그 사람을 탄핵한 것이다. 내가 법률 전문가는 아니지만 이 탄핵은 헌법재판소가 받아들일 가능성이 충분하다고 생각한다.

2호 탄핵은 손준성 검사다. 핵심 이유는 고발을 사주했다는 것이다. 이 고발사주 사건은 윤석열 대통령이 검찰총장 재직시절, 2020년 총선을 앞두고 당시 미래통합당(현 국민의힘) 측에 범여권 측 주요인물들에 대한 형사고발을 사주했다는 의혹과 관련된 것이다.

당시 이 사건을 보도한 '뉴스버스' 기사에 따르면 윤석열 전 총장의 최측근 손준성 검사는 같은 검사 출신인 국민의힘 김웅 당시 미래통합당 후보에게 여권 인사들의 이름이 담긴 고발장을 전달했다고 한다. 뉴스버스가 증거로 제시한 고발장에는 고발하는 사람의 이름은 비어 있고, 고발 대상에만 이름이 들어가 있었다. 고발 대상란에는 최강욱, 황희석, 유시민, 뉴스타파 소속 기자들까지 총 11명의 이름이 적혀져 있으며, 해당 고발장의 수신처는 대검찰청 공공수사부 부장으로 되어 있었다.

이 사건이 2021년 밝혀지면서 많은 논란을 불러일으켰고 상당 부분의 증거들이 나타났지만 손준성 검사는 처벌받지 않았다. 손준성 검사는 이 혐의로 헌정사상 2번째로 탄핵이 가결되었다.

3호 탄핵은 이정섭 검사다. 이정섭 검사는 방역법을 위반하여 재벌가가 소유 중인 골프장 식당에서 7명이 모여 식사를 했고 주변의 부탁을 받아 가사도우미로 일할 사람들의 전과를 조회하거나 기록을 불법 열람했다는 의혹을 받고 있다. 구체적으로 따지면 방역법, 청탁금지법, 공직자윤리법을 위반했다고 보는 것이다.

그동안 검사들은 수많은 죄를 저질렀지만 제대로 된 처벌을 받은 사례는 손가락에 꼽을 정도다. 검사들 범죄의 기소율이 1 퍼센트 미만이라는 조사 결과는 검사가 우리 사회에서 얼마나 특권을 누리는 공무원 집단인지를 잘 보여준다.

물론 다수당의 독선으로 탄핵이 남발된다는 우려가 있을 수 있다. 하지만 국회의 탄핵이 최종 결정이 아니기에 헌재에서 기각될 탄핵을 의석수만 믿고 함부로 하기는 어렵다. 그게 견제와 균형의 원리이다.

노무현 대통령 탄핵이 발의된 이유는, 노무현 대통령이 어느 방송에 나가 "새로 창당하는 열린우리당이 잘 되었으면 좋겠다"는 말 한마디였다. 그걸 빌미로 선관위가 '정치적인 중립의무 요청'을 보내고 다시 그걸 이유로 국회에서 탄핵을 발의했다. 그리고 헌재의 기각 판결에 따라 다시 업무에 복귀했다. 그때 절대 찬성해서는 안 될 새천년민주당이 탄핵에 찬성했다. 그 이유로 새천년민주당의 말로는 참혹했다.

2017년 박근혜 탄핵은 비박 세력의 찬성이 있었기에 가능했다. 이 부분에 대해서는 따로 적겠지만 그 탄핵에 찬성한 세력은 사실상 국힘 내부에서 살아남았다. 이유는 국민 다수가 선택한 탄핵이었다는 것이다.

나는 윤석열 검찰 정권을 다소나마 제어할 수 있는 유일한 길이 국회의 탄핵권이라고 생각한다. 국민들 보기에 합당한 탄핵이라면 오직 국회에만 부여된 이 권한을 회피할 이유가 없다는 게 내 판단이다.

2023.12.1.
더불어민주당이 발의한 검사 2인 탄핵소추안이 국회 본회의에서
여당인 국민의힘 의원들의 불참 속에 사실상 단독 처리됐다.
'고발사주' 의혹으로 재판을 받고 있는 손준성 검사장과
최근까지 더불어민주당 이재명 대표 관련 사건의 수사 책임자였던
이정섭 차장검사는 곧바로 직무가 정지됐다.

지방에서 대한민국의 미래를 찾다

한국판 드레퓌스 사건, 강기훈에 대한 미안함

|

강기훈 유서대필 사건은 이제 '강기훈 유서대필 조작사건'으로 제 이름을 찾았다. 유서대필범으로 몰렸던 강기훈은 32년 만에 재심에서 무죄로 확정되었고, 이 사건은 결국 수사기관이 아무 죄가 없는 강기훈을 '유서대필범'으로 만들었다는 것이 인정된 것이다.

갑자기 뜬금없이 강기훈에 대한 미안함을 들고나온 것은 그를 수사하고 기소했던 담당 검사가 나를 수사하고 기소한 검사와 같다는 사실을 알고부터이다.

강기훈 유서대필 조작사건은 1990년 4월 민정당과 통일민주당, 신민주공화당의 합당판인 '민자당'의 출현으로 시작되었다. 시간순으로 정리해보면 1987년 6월 항쟁은 1988년 총선에서 평민당의 압승으로 이어졌다. 당연히 제1당은 민정당이었지만 김대중의 평민당, 김영삼의 통일민주당, 김종필의 신민주공화당의 의석이 과반수를 넘는 결과가 난 것이다. 1987년이 시민항쟁이었다면 1988년은 시민들의 투표항쟁이라고 불러도 좋을 정도였다.

사실 1988년 총선의 결과로 지방자치법이 전부 개정되었고 지방자치제도가 실시될 수 있는 여건이 마련되기도 했다.

1987년 민주항쟁은 그 이후의 학생운동, 노동운동, 농민운동으로 퍼져나갔다. 이런 상황에서 1990년의 3당 합당은 1987년 민주항쟁 이전의 원상회복이자 민주화 흐름의 위기로 평가되었다. 이때부터 학생운동이 더욱 거세게 일어났고 다양한 부문에서 투쟁이 이어졌다. 특히 1991년 4월 명지대생 강경대가 경찰이 휘두른 쇠파이프에 맞아 숨지면서 시위는 더욱 확산되었으며 이로부터 두 달간 연쇄적으로 분신자살이 일어났다.

이렇게 계속 분신자살이 일어나자 당시 서강대학교 총장이었던 박홍 신부는 서강대 메리홀 기자회견에서 "죽음의 블랙리스트가 있다. 구체적으로는 모르겠지만 우리 사회에는 죽음을 선동하고 이용하려는 반생명적인 죽음의 세력, 어둠의 세력이 존재한다"고 주장하다. 이어 그는 그 배후세력을 '전염병 같은 이들'이라 규정한 뒤 "이들은 그늘에서도 엄청난 힘을 갖고 자신도 죽고, 남도 죽이는 물귀신 공법으로 물 마시듯 폭력을 전염시키고 있다"고 주장했다.

이 발언은 큰 파문을 일으켰고 5월 8일 정부는 삼청동 안가에서 정해창 대통령비서실장의 주재로 서동권 안기부장, 최병렬 노동부 장관 등을 모아 '치안관계장관회의'를 열어 분신자살 사건에 대한 배후 수사를 결정했다. 정구영 검찰총장도 분신자살 사건에 대해 조직적 배후세력이 있다고 보고 전국 검찰에 수사를 지시하게 된다.

그러는 와중에 김기설 당시 전민련 사회부장의 분신자살이 발생했다. 정권은 이 사건을 계기로 학생운동을 비도덕적인 세력, 죽음의 세력으로 만들어야 했다.

결국 그 핵심으로 강기훈이 지목되었고 그는 김기설의 유서를 대필해 줬다는, 자살을 방조했다는 자살방조죄로 기소된다. 이 과정에서 김기설과 강기훈의 필적이 이용되었음은 두말할 나위가 없다. 결과적으로 강기훈의 필체가 김기설의 유서 필체와 같다는 이유로 강기훈은 자살방조죄가 확정되었으며 이 사건을 계기로 학생운동은 사실상 폭망의 길로 접어든다. 이게 소위 전대협의 말로이다.

이 사건이 매일 뉴스의 머리를 장식하던 시절 나는 나주에 있었다. 매일처럼 언론에서 대서특필하고 있었으니 나 역시도 별 의심 없이 '대필'을 사실로 받아들였다. 그렇다고 내가 특별한 생각이나 행동을 한 것은 아니지만 그냥 언론에서 나온 대로, 검찰의 발표대로 믿어버린 것이다. 내가 강기훈 동지에게 가장 미안한 것이 바로 이점이다.

내가 2009년 나주시장 직무가 정지되고 2010년 시장직 박탈이라는 선고를 받았을 때의 억울함을 생각하면 강기훈이 느꼈을 절망감이 떠오른다. 특히나 한참을 지난 후에야 알게 된 사실이지만 강기훈의 유서대필 조작사건을 담당했던 검사가 나의 사건 재수사를 지휘한 검사라는 사실은, 자기들이 마음먹으면 어떤 사건도 조작할 수 있다는 변치 않는 검찰의 본 모습을 보여준다. 이 글을 빌려 강기훈 동지에게 진심으로 미안하다고 전하고 싶다.

사실 나중에 안 사실이지만 강기훈이 수사를 받던 당시 여러 인권단체나 천주교 등에서 그의 무죄를 입증하기 위해 다양한 노력을 시도했다고 한다. 조작이라는 것도 인간이 하는 일이니 당연히 문제가 있을 것이다. 하지만 당시 90년대 초반의 우리 사회는 지금과는 많이 달랐다. 아니 더 정확히 말하면 오늘날 이재명 대표에 대한 검찰의 수사를 보면, 기소권과 수사권을 모두 가진 검찰이 마음만 먹으면 기소하지 못할 일이 없다는 것은 그때나 지금이나 똑같다. 검찰의 수사, 기소권 분리가 그래서 중요하다.

내 사건만 보더라도 애초 광주지검은 배임죄를 무혐의 처분했다. 아마 당시 검사는 '뇌물이 아닌 한 시장이 정책적으로 결정한 사항을 형사적 기준으로 처벌하기 어렵다'는 견해를 보인 것으로 안다. 누구의 지시였는지는 모르지만 어느 날 자신들의 '무혐의' 판단을 뒤집고 다시 수사하는 모습을 보였다. 그때나 지금이나 검사들은 '검사동일체'라는 말도 안 되는 문화를 통해 위에서 하라면 어떤

지방에서 대한민국의 미래를 찾다

수사든 다 하는 양태를 보여주고 있다. 오늘 우리가 바라보는 검찰 역시 손톱만큼도 바뀌지 않았다.

강기훈 동지가 32년 만에 재심을 통해 무죄를 확정받고 '강기훈 유서대필 사건'이라는 이름을 '강기훈 유서대필 조작사건'으로 바꾸면서 느낀 감회는 어떤 것일까? 나는 짐작만 할 뿐인데 한 개인의 인생 전체를 구렁텅이로 몰아넣은 검사들은 아직도 승승장구하고 있다.

나는 강기훈 동지에게서 느낀 억울함을 이재명 대표를 통해 바라보기도 한다. 내가 앞에서도 언급했지만 대장동의 범죄프레임은 형사적으로 처벌할 수 없는 내용이다. 현장의 상황은 모두가 달라서 단체장들이 가장 적합하게 판단하는 게 중요하다. 그래서 뇌물은 처벌할 수 있지만 정책 결정은 처벌할 수 없다. 정책결정은 형사적 처벌이 아니라 '선거'를 통해 심판받는 것이다.

더욱 기가 막힌 것은 성남FC 광고비 문제인데, 그 광고비를 통해 자신이 정치적 인기를 얻은 '이익'이 발생했다는 것이 검찰의 주장이다. 만약 이런 기준으로 처벌을 한다면 스포츠팀을 가진 전국 모든 지방자치단체장은 모두 동일한 혐의로 기소되어야 한다. 이런 말도 안 되는 일이 '검찰'의 이름으로 자행되는 것이 오늘의 대한민국이다.

검찰정부의 법치주의를
탄핵하다

21대 국회 의정활동을 하면서 정치와 정책에 관한
생각을 페이스북을 통해 꾸준히 밝혀왔습니다.
그중 일부를 시간 흐름에 따라 정리했습니다.

‖ 정치인이 되어버린 윤석열 검찰총장

(2020. 8. 4)

이제는 정치인이 되어버린 윤석열 검찰총장이 신임 검사들에게
한 말이 예상한 대로 화제가 되고 있습니다.

미래통합당이 칼잡이의 귀환이라며 반색을 하고, 보수언론들은
'권력에 맞서라'며 맞장구치고 있으니 역시 '정치인이 되어버렸다'
는 말도 썩 틀린 표현은 아닌 것 같습니다.

윤 총장은 신임 검사들에게 민주주의의 탈을 쓴 독재와 전체주
의에 맞서 싸울 것을 주문했더군요. 그러면서 자유민주주의는 '법

의 지배'를 통해 이루어진다고 했답니다. 독재니 전체주의니 하는 말은 요즘 일종의 유행어죠. 야당과 보수언론이 현 정부에 어떤 낙인을 찍기 위해 쓰는 말인데 그러고 보면 윤 총장도 꽤나 트렌드를 쫓는 인물인가 봅니다. 오랜만의 공중연설에서 최신 유행을 따라 잡는 모양새를 보니 그렇습니다.

우선, '자유민주주의는 법의 지배를 통해 이루어진다'는 말은 좀 많이 유감스럽더군요. '자유민주주의야 말로 진짜 민주주의'라는 주장이 옳은 표현인가 하는 것은 별개로 하고, '자유민주주의는 법의 지배로 이루어진다'는 그 과감한 발상은 매우 충격적이었습니다. 민주주의 사회에서 개인을 지배하는 것은 오직 양심이고 사회를 지배하는 것은 상식입니다. 법은 다만 그 양심과 상식의 경계를 정하기 위한 도구일 뿐이죠. 그런 이유로 법률가가 아닌 일반인의 입장에서 '법의 지배' 같은 무서운 말들은 꽤나 위험하게 들립니다.

더욱이 과히 공평무사하지도 못한 자기 자신을 법의 구현자이거나 법 자체로 혼동하는 분들이 그런 말을 쓰게 되면 더더욱 위험스럽게 느껴지죠.

'방어권 보장과 구속의 절제'를 강조한 부분에서는 타이밍이 아쉬웠습니다. 수많은 피의사실 유포와 낙인찍기, 무리한 구속수사를 주도해 오신 분께서 왜 하필 본인의 측근 내지 그 이상 되는 대상들의 범죄혐의가 추궁당하는 시점에서야 그런 깨달음을 얻으신 건지 진심으로 유감스럽더군요.

반면 권력비리에 맞서 싸우라는 말은 감동적이었습니다. 직위나 권력의 힘을 이용해 개인의 이익을 챙기거나, 자신들의 범죄혐의를 무마하는 것 역시 권력비리의 한 종류라는 점에서 앞으로 검찰이 이런 문제들에 대해 좀 더 엄하게 대응하겠구나 하는 기대감을 갖게 되었습니다.

윤 총장의 이번 발언을 계기로 모쪼록 우리 검찰이 보다 자기 자신에게 엄격한 집단으로 변화하기를 기대해 봅니다.

‖ 윤석열을 비판했더니 조선일보가 나섰습니다

(2020. 8. 4.)

윤석열 검찰총장을 좀 비판했더니 뜻밖에 조선일보가 저에 대한 공격을 퍼부으며 윤 총장을 엄호하고 나섰군요. 윤 총장이 서울중앙지검장으로 있을 때 조선일보 사주와 은밀히 만난 일이 있다더니 생각보다 양측 관계가 끈끈한 모양입니다.

조선일보의 저에 대한 공격은 한마디로 요약됩니다. "범죄 전력 많은 신정훈이 법치주의를 부정했다" 이런 거죠. 이런 수준의 비난에도 일일이 대응을 해야 하는 건지 잠깐 고민을 했지만 짧게 대꾸를 하려 합니다.

조선일보가 거론한 저의 범죄전력 중 20년 전의 음주운전은 지금 생각해도 부끄럽고 죄송한 일입니다. 반성합니다. 그러나 마치 천하의 흉악범이나 파렴치범을 묘사하듯 나열해 놓은 나머지 전력들은 민주화운동 과정에서 혹은 지방정부의 수장으로서 위기에 처한 민생현장을 해결하려는 능동적인 행정에서 비롯된 일들입니다. 사의나 사익을 좇아 행한 일이 없습니다.

100년이라는 긴 시간을 오로지 법의 칼날을 쥔 힘 있는 이들 편에 서서 친일 행적을 포함한 온갖 부끄러운 일들을 자행해 온 분들이니 '법의 지배'라는 말처럼 달콤하게 들리는 말도 없겠지요. 그러나 그 법의 칼날이 심하게 휘어있는 현실을 늘 목격하며 살아온 사람들의 입장에서는 참으로 두렵고 불편한 말일 수밖에 없다는 점을 말씀드립니다.

우리 사회에서 법에 대한 신뢰, 법치주의에 대한 공감이 여간해서 생겨나지 않는 이유는 법을 자신의 전유물로 알고 전횡을 저지르면서도 힘없는 국민들에게는 전가의 보도인 양 법치니, 법의 지배니 하는 말들을 습관처럼 내뱉는 사람들 때문입니다. 불행하게도 윤석열 총장 역시 그중의 한 사람입니다. 다른 이들에게 들이대는 기준을 자신의 주변에 대해서는 철저히 배제하면서 스스로 공정한 법의 집행자임을 과시하는 것은 참 민망한 일이죠.

조선일보만이 아니고 원희룡 제주도지사께서도 '무식하다'는 표현까지 써가며 저를 공격하셨더군요. 왕정이 어떻고, 공화정이 어떻고 하며 법률가로서의 지식을 뽐내고 싶어 하셨는데, 그 정도 알량한 지식이 없어서 '법의 지배'를 염려한 것이 아닙니다. 저의 글은 그 말을 하는 이가 과연 그 개념을 담보할 수 있는 사람인가에 대한 염려와 의문을 제기한 것입니다. 부탁하건대 행간을 읽는 최소한의 소양이 없다면 침묵하시는 것이 더 낫지 않을까 생각합니다. 친구라는 조국 전 장관이 곤경에 처했을 때도 자기 존재를 알리는 틈새로 활용하신 분이니 저에게야 오죽하겠습니까만 제주도에 시급한 일이 많은 줄로 압니다. 우리 각자 분수를 지켜 주제에 맞는 일에 전념하면 좋겠다는 생각을 해봅니다.

저의 '말대꾸'는 여기까지입니다. 장마 피해도 심각한 마당에 이런 논쟁을 끌고 가는 것이 적절치 않다고 생각합니다. 조선일보나 원희룡 지사가 이후 무슨 소리를 하든 '말과 글'로는 더 이상 받아

지방에서 대한민국의 미래를 찾다

들일 생각이 없다는 것을 미리 말씀드립니다.

‖ 이재명 대표의 검찰소환은 자치단체의 적극행정과
정책판단에 재갈을 물리는 정치파괴 행위입니다

(2023. 1. 10.)

야당 대표에 대한 '정적 제거용' 기획수사에 의해 오늘 이재명 대표가 검찰에 출두합니다. 검찰은 "이 대표의 성남시장 시절 당시 인허가 등 민원 해결의 대가로 관할 기업들로 하여금 성남FC에 광고비 등 후원금을 내게 했다"고 주장하고 있습니다. 제3자 뇌물죄라는 겁니다.

결론부터 이야기하면, 이는 명백히 '정적 제거용 기획수사'이자 '망신 주기용 정치 공세'입니다. 모든 시민 프로축구단은 지방정부를 통해 운영상 부족한 예산을 지원받고 있습니다. 당시 '성남FC'도 지극히 정상적인 행정·협상의 결과에 따라 기업으로부터 광고비를 받았습니다.

후원금을 많이 모을수록 시민들의 혈세를 아낀다는 점에서 오히려 칭찬받을 일입니다. 다른 지자체나 전후의 시장 때보다 더 많은 지원 금액으로 계약하는 것은 당시 이재명 성남시장이 성남시를 위해 최선을 다한 결과입니다.

지역경제 발전을 위해 기업들을 유치하는 것 또한 마찬가지입니다. 기업을 유치함으로써 지역경제를 활성화하고 세수 확보를 통해 지역주민들에게 더 많은 혜택을 줄 수 있습니다. 지역 주민들을 위한 기업유치는 지자체장의 능력이자 책무입니다.

윤석열 대통령과 검찰에게 묻습니다.

농협은행은 '성남FC'보다 상주(김천)FC에 대해 더 많은 금액을 지원했습니다. '성남FC'에 대한 지원이 범죄이면, 다른 프로축구 시민구단에 지원한 것도 모두 범죄행위입니까? 더 많이 지원받은 '상주(김천)FC'는 '후원'이고 '성남FC'는 '뇌물'이라는 말입니까?

성남시장 시절 이재명 대표가 제3자 뇌물공여 혐의가 있다면 전국 모든 지자체장에게 똑같은 혐의로 수사하겠습니까? 국민의힘 전·현직 지자체장에게 똑같은 잣대로 수사해 주시길 부탁드립니다. 특히 국민의힘 당대표에 출마한 김기현 의원이 울산시장 시절 역할과 그 결과에 대해 같은 기준으로 수사해 주시기 바랍니다.

지방정부의 자치행정에 대해 선택적 사법에 의해 사후적 재단을 한다면 더 이상 적극행정을 기대할 수 없으며, 그 피해는 국민에게 돌아갈 수밖에 없습니다. 오히려 칭찬받아야 할 일에 각종 의혹을 제기하고 심지어 범죄시하고 있다는 점에서 이는 '정적 제거용' 기획수사로 볼 수밖에 없습니다.

특히 대선 직후 자신과 경쟁한 대선후보를 수사하고, 나아가 검찰이 소환 통보한 전례가 없습니다. 검찰공화국은 사법을 넘어 정치를 무력화하고 있습니다. 검찰 편 아니면 적이라는 판단이 강요받은 대한민국의 현재 상황이 너무 안타까울 뿐입니다.

검찰에게 경고합니다.

우리 국민은 검찰에게 이러한 '선택적 수사권', '편의적 수사권', '비대칭적 수사권'을 준 적이 결단코 없습니다. 검찰의 무리한 편파수사, 기획수사의 칼날은 결국 검찰과 정권에 부메랑이 되어 돌아온다는 역사적 진실을 외면하지 마시기 바랍니다.

"화무십일홍 권불십년(花無十日紅 權不十年)", 활짝 핀 꽃은 열흘을 못 가고, 권력은 십 년을 못 간다는 선현들의 경고를 명심하시기 바랍니다.

‖ 대통령과 여당 원내대표의 '가짜 법치주의'에 동의할 수 없습니다

(2023. 2. 10.)

주호영 국민의힘 원내대표는 오늘 민주당이 간호법 등 7개 법안을 본회의에 직회부한 것에 대해 "법치주의 기초에 대해 전혀 숙달되지 않은 집단"이라고 비판했습니다.

윤석열 대통령도 지난 신년사에서 '노동 개혁의 출발점으로 노사 법치주의'를 강조했습니다. 윤 대통령과 여당은 툭하면 '법치주의'를 강조하고 있는데, 법치주의의 개념을 이해하고 하는 말인지 묻지 않을 수 없습니다.

'법치주의'는 '국민이 법을 잘 지켜야 한다'는 의미가 아니라 '권력자들이 법과 제도의 의해 통치해야 한다(rule of law)'는 자기 통제 원리입니다. 즉 '법치'는 국가권력의 남용, 권력자의 횡포를 막기 위한 원칙입니다. 국민들이 법을 준수해야 하는 건 '준법정신'이지 '법치주의'가 아닙니다.

윤석열 정부가 강조하는 '법치'에 공감할 수 없는 건, 선택적 수사와 마찬가지로 '법치'를 편의적으로 끌어쓰고 있기 때문입니다. 윤석열 정부는 정작 '법과 원칙'을 강조하지만 검찰중심의 인사, 시행령 정치, 본부장 봐주기 수사-야당인사 전방위 수사 등 스스로

'법치주의'를 무너뜨리고 있습니다.

도대체 우리 국민들은 언제까지 윤석열식 '가짜 법치주의'를 강요 받아야 합니까?

윤석열 대통령은 검사 시각에서 하루빨리 벗어나기 바랍니다. '우리 편 아니면 적'이라고 생각할 경우 '정치'가 제 역할을 할 수 없 습니다.

'법치주의'는 국민이 아닌 통치자인 본인의 통제 원리임을 다시 한 번 강조합니다. '법치'를 강조하고 있는 윤석열 대통령은 '법치주 의'의 의미를 다시 정립하기 바랍니다.

‖ 성역없는 특검이야말로 국민의 뜻이며, 정의를 바로 세우는 길입니다

– 더불어민주당 '김건희 특검과 50억 특검 수용을 위한 천막농성' 37일째, 그리고 김 건희 특검법안 제출

(2023. 3. 9.)

오늘 (9일) 오전, 원내부대표로서 더불어민주당 전체를 대표해서 '김건희 특검법안'을 제출했습니다.

윤석열 검찰이 도이치파이낸셜 저가 매수 의혹에 대해 "정상적인 가격에 이뤄진 매매"라면서 증거불충분으로 또다시 '무혐의 처분'을 내렸습니다. 김건희 여사와 권오수 전 회장 사이에 경제적 이익을 주고받은 정황으로 보이는 사실관계를 기각한 것입니다.

검찰수사는 왜 '김건희'라는 이름 앞에만 서면 제대로 작동하지 않는 것입니까? 그래서 도이치모터스 주가조작 의혹은 물론이고, 코바나컨텐츠 대가성 협찬 혐의를 포함한 특검법이 반드시 필요합니다.

국민 특검만이 유일한 해법입니다. 민주당은 특검법에 주가조작 의혹부터 코바나컨텐츠 의혹까지 모두 포함하겠습니다. 중립적이고 독립적인 수사가 가능한 특검으로 진실을 밝히는 것이 국민의 뜻을 실현하는 길입니다. 또한 오늘은 '김건희 특검과 50억 특검 수용을 위한 민주당 천막농성' 37일째입니다. 이른 아침부터 저도 동참하고 있습니다.

세상은 봄이 시작됐는데, 국회 안은 아직도 겨울입니다. 그래도 국민만을 생각하며 흔들리지 않겠습니다.

지방에서 대한민국의 미래를 찾다

2023.3.9.
원내부대표로서 더불어민주당 전체를 대표해서
김건희 여사의 도이치모터스 주가 조작 의혹과
코바나 컨텐츠 전시회 후원 의혹에 대한
특별검사의 임명 등에 관한 법률안을 제출했다.

‖ 검찰개혁의 총의를 모아냈습니다. 역시 민주당입니다

(2023. 4. 12.)

"표적수사, 별건수사, 먼지털이식 수사, 끼워맞추기 수사, 망신주기 수사…"

이들의 공통점이 무엇인지 아십니까? '왜곡되고 뒤틀린 검찰 수사권'의 다른 이름들입니다.

오늘 우리 민주당은, 장장 4시간에 걸친 정책의총을 통해, 수사권 분리를 주요 골자로 한 검찰개혁 방안을 만장일치로 채택했습니다. 토론은 치열하되 질서 있었고, 도출된 결론에 모두가 박수로 화답했습니다. 무엇보다, 개혁의 대상인 검찰의 조직적 반발, 그리고 이를 비호하는 보수언론의 노골적 편들기가 극에 달한 위기 상황에서도 흔들리지 않고 총의를 모아냈다는 점에 주목합니다.

민주당의 저력이 돋보인 정책의총이 아닐 수 없습니다. 어려운 상황에서도 원만한 합의를 이끌어낸 원내 지도부의 리더십에 박수를 보냅니다. 검찰의 수사권·기소권 분리는, 검찰의 형사사법 독과점을 막고, 남용 가능성을 차단하기 위한 최소한의 조치입니다.

우리는 똑똑히 기억합니다. 김학의 전 법무부 차관의 별장 성 접대 사건 무혐의 결정, 서울 남부지검 검사들의 룸살롱 99만원 세트 메뉴 접대 봐주기 사건, 최근 채널A 사건에 연루된 한동훈 검사장의 무혐의 처분까지, 검찰은 자신들의 치부를 향해서는 칼집에 손조차 대지 않았습니다.

우리는 또 기억합니다. 노무현 전 대통령님을 죽음으로 내몰았던 정치보복성 수사, 서울시청 공무원 간첩조작사건, 강기훈 유서대필 조작사건 등에 대한 표적 수사 등등…. 검찰은 자신의 입맛에 맞지 않는 인사에 대해서는 마구잡이 칼춤을 추었습니다. 자신들의 기

지방에서 대한민국의 미래를 찾다

득권 지키기에는 득달같이 달려들면서도, 부끄러운 흑역사에 대해서는 반성 한마디가 없습니다.

오늘 민주당의 결단은, 지난 70년 검찰의 흑역사를 통렬히 되새기며, 현격히 기울어진 검찰의 균형추를 바로 세우는 일이었습니다.

'입법(立法)', 법을 바로 세운다는 뜻입니다. 우리 민주당 172명의 국회의원들은, 검찰권이 바로 설 수 있도록, 형사사법을 바로 세우는 당찬 출발을 선포했습니다.

오직 국민만을 바라보며 민주당원과 함께, 유능한 개혁을 시작합니다.

국민 여러분, 지지해주시고 함께 해주십시오.

‖ 법과 헌정질서를 파괴하는 세력에 강력히 맞서겠습니다!

(2023. 6. 19.)

오늘 더불어민주당은 유병호 감사원 사무총장을 공수처에 고발했습니다. 이 자리에는 감사원 정치감사 대응 TF와 검찰독재 대책위원회 소속 의원님들이 함께했습니다.

유병호 사무총장은 감사위원회의 의견을 거부하고 감사위원회의 의견에 따라 수정되지 않은 감사보고서를 그대로 감사대상자에게 시행하고 외부에 공개했습니다. 이에 따른 위법 사항은 크게 3가지입니다.

첫째, 헌법과 감사원법을 정면으로 위반하는 직권남용이며, 둘째, 작성 권한 없는 자가 공문서인 감사보고서를 작성 및 시행한 것이므로 공문서위조 및 행사입니다. 셋째, 감사보고서를 전산시스템에 공개하였으므로 공전자기록 등 위조 및 그 행사입니다.

윤석열 정부 출범 후 감사원의 '감사를 위장한 정치 행위'가 도를 넘고 있습니다. 무엇보다 前 정부의 주요 인사에 대한 먼지털기식 '표적 감사'와 주요 정책에 대한 전방위적 '정치감사'를 대대적으로 진행하고 있습니다.

그동안 저는 윤석열 정부 출범 후 감사원의 도를 넘는 정치 행위를 수차례 지적했습니다. 어쩌다 감사원이 독립성과 중립성을 포기하고 대통령의 정치 호위대로 전락했는지 진심으로 개탄스러울 따름입니다.

법과 헌정질서를 파괴하는 세력에는 강력하게 맞서 싸워야 합니다. 감사원을 비롯해 윤석열 정부의 검찰이 하는 행태는 국가 기본

지방에서 대한민국의 미래를 찾다

질서를 파괴하는 중대한 문제입니다.

오늘 오전, 이재명 당 대표는 교섭단체 연설에서 '불체포권리 포기선언'을 했습니다. 막무가내로 권력을 행사하는 검찰에 당당하게 맞서겠다는 이대표의 강한 의지를 적극 지지합니다. 민주당은 감사원의 반중립적, 반독립적인 헌법 일탈행위를 바로 세우고 민주주의를 지키기 위한 노력을 지속적으로 추진하겠습니다.

2023.6.19.
더불어민주당 검찰독재정치탄압대책위원회는
감사원 유병호 사무총장에 대한 직권남용·국고손실을
공수처에 고발하고 감사원에 대한 수사를 촉구했다.

‖ 체포동의안 부결로 윤석열 정부 폭정을 멈춰 세우겠습니다

(2023. 9. 12.)

민주당은 통합과 단결로 정치검찰의 체포동의안을 단호하게 부결시키겠습니다. 참으로 인면수심, 극악무도한 정권입니다. 19일간의 단식으로 쓰러져 있는 이재명 대표에 대해 정치검찰은 끝내 구속영장을 내밀었습니다.

이재명 대표는 비회기에 영장을 청구하면 얼마든지 응하겠다고 밝혔습니다. 검찰은 비회기에 영장을 청구하면 국회 표결 없이 실질심사를 할 수 있음에도 모욕주기, 야당 분열을 시도하기 위해 기어코 회기에 영장을 청구했습니다.

검찰은 2년 동안 60여 명의 검사와 수백 명의 수사 인력을 동원하고 370번 이상 압수수색 등을 통해 탈탈 털었음에도 제대로 된 혐의를 입증하지 못했습니다. 더구나 이재명 대표가 도주할 우려도 전혀 없습니다. 그래서 검찰의 영장청구는 정치적 기소입니다.

독이 있는 나무는 그 열매에도 독이 있습니다. 이 대표에 대한 검찰의 영장청구가 정치적 기소이기에 그 자체로 정당성을 잃었습니다. 이미 저들은 총칼을 대신한 검찰권을 남용해서 수도 없이 법률과 헌법을 무시하고 검찰권을 남용한 불법정권이며 헌법위반 정부입니다.

이처럼 폭력적 검찰의 부당한 영장 청구에 대한 체포동의안 부결은 국민이 국회에 부여한 정당한 소명입니다. 친명-비명 간의 분열의 명분도 될 수 없으며, 이재명 한 사람을 위한 방탄은 더더욱 될 수 없습니다.

윤석열 정부의 헌정, 법치주의, 민주주의 파괴 맞서는 길이 헌법질서를 수호하는 길입니다. 무도한 검찰의 정치개입에 맞서 민주주의와 민생을 살리고 민주주의를 지키는 것이야말로 국회의 정당한 사명이라 생각합니다.

이에, 저는 오늘 검찰독재의 폭주기관차를 동료 의원들과 함께 멈춰 세우겠습니다. 국민의 이름으로 위기에 처한 헌법질서와 민주주의를 기필코 지켜내겠습니다.

지방에서
대한민국의
미래를 찾다

4장

대한민국 기득권을 포기하라

부동산 백지신탁,
고위공직자의 윤리규정을 세우다

우리나라에서 인사청문회 제도가 생긴 것은 김대중 정부 때인 2000년부터이다. 이 제도는 당시 김대중 대통령의 결단으로 시작된 제도다. 사실 우리나라 대통령은 인사청문회가 있는 미국과는 다르게 자기 맘에 드는 사람을 누구나 임명할 수 있었다. 김대중 대통령은 그런 자신의 권한을 인사청문회 제도를 통해 내려놓았다고 봐도 무방할 것이다.

인사청문회가 있다고 해서 우리나라에 '인사청문회법'이 별도로 존재하는 것은 아니다. 인사청문회의 근거는 국회법 안에 있다. 국회법 제46조의3에는 인사청문회에 관한 규정이 있고 그 국회법 규정에 따라 소관 상임위원회가 인사청문을 담당한다.

나는 국회에 들어오기 이전부터 인사청문회를 보면서 이른바 우리 사회의 지도층 인사들의 부끄러운 민낯을 본다는 느낌을 지울수 없었다. 그동안 가장 흔한 사례는 위장전입이고 부동산 투기였다. 이 두 가지 사안은 한 번이라도 빠진 적이 있었나 싶을 정도로 단골 메뉴였다.

국회에 인사청문회 제도가 생긴 지 23년이 되었지만 대한민국 인사청문회는 말 그대로 아수라장이라고 해도 과언이 아니다. 어느 당이라고 할 필요도 없이 상대 당 후보에 대해 인신 공격적인 질문과 폭로가 반복되었고 거의 예외 없이 반복되는 각종 문제로 점철되었다.

인사청문회 과정에서 느껴지는 가장 큰 실망감은 관료 출신이나 정치인들을 막론하고 부동산에 대한 끈질긴 집착이다. 적어도 관료 출신이면 중앙정부 1급 관리 이상으로 20년 이상 일했을 것이다. 대체로 수십억 원의 재산이 있고 20년 넘게 국가로부터 고액의 월급도 받았을 것이고 노후가 되면 국민연금보다 훨씬 많은 공무원 연금도 보장되어 있을 것이다. 또 그런 사람들의 경우 대개는 상당한 유산도 받은 경우가 많다.

이런 사람들의 실생활을 들여다보면 '이런 수준의 잡범이 과연 대한민국의 고위 공무원이었나' 하는 자괴감이 드는 것도 사실이다. 나는 이러한 현상의 첫 번째 이유를 공직윤리관, 둘째는 투기정보에 대한 접근성과 관련이 깊다고 생각한다.

공직에 있다는 것은 주요 금융정책이나 개발계획과 관련한 정보를 다룬다는 말과 크게 다르지 않다. 우리나라와 같이 부동산에 의한 재산증식이 폭발적이었던 사회에서 그런 정보에 대한 유혹을 떨치는 것은 불가능에 가깝다. 내가 나주시장 시절, 나주혁신도시를 추진하는 과정에서 인간이 부동산 투기 유혹에 얼마나 약한지 새삼 느끼기도 했다. 금본위제가 아닌 부동산 본위제라 할 만큼 부동산 경기가 차지하는 비중이 크고 시장경제를 채택하고 있는 우리나라 제도상 부동산 거래를 원천적으로 제한할 수도 없는 일 아닌가?

2020년 7월, 21대 국회에 들어오자마자 나는 '공직자윤리법 개정안'을 대표 발의하여 부동산도 백지신탁 대상에 포함해야 한다고 주장했다. 이 개정안에 대해 당시 이재명 경기도지사는 별도의 페이스북 글까지 발표하면서 부동산 백지신탁제도를 담은 공직자윤리법 개정안을 적극 지지하면서 응원해 주었다.

내가 법안으로 발의한 '부동산백지신탁제도'는 사회지도층인 최고위 공직자의 부동산 투기를 원천적으로 방지하자는 제도이다. 현재도 시행되고 있는 고위공직자는 재산등록을 의무화하고 있는데 바로 그 공직자의 재산등록 제도에 투기성 여부를 심사해서 이에 해당하는 투기성 부동산의 처분을 의무화함으로써 최고위 공직자들부터 부동산 투기를 엄격하게 제한하자는 것이다.

이재명 ✔
2020년 7월 17일 · ⚪

<국회의 부동산 백지신탁법안 발의를 환영합니다>

고위공직자들의 실거주 외 부동산 처분을 의무화하는 부동산 백지신탁제 법안이 발의됐습니다. 참으로 반가운 소식입니다. 힘써주신 더불어민주당 신정훈 의원님을 비롯한 15분의 의원님들께 박수를 보내드립니다.

좋은 정책은 국민이 신뢰할 수 있는 정책입니다. 부동산 정책의 성공 또한 마찬가지입니다. 고위 공직자들의 재산 증식을 허용하면서 공정한 부동산 정책의 성공을 기대할 수는 없습니다.

정확한 정책이 적시에 시행되고, 국민이 정부의 정책을 신뢰한다면 부동산 가격은 얼마든지 통제 가능합니다. 거듭 말씀드리지만 모든 위기는 늘 기회를 동반합니다. 이번 위기가 망국적 부동산 투기를 발본색원하는 기회가 되기를 바랍니다.

다시 한번, 부동산 백지신탁법안 마련을 환영합니다.

NEWS.V.DAUM.NET
[단독] 與 '부동산 백지신탁제' 추진..도입 논의 불붙나
[헤럴드경제=김용재 기자]더불어민주당에서 '부동산 백지신탁제'를 도입하는 입법이 추진된다....

2020.7.17. 이재명 당시 경기도지사 페이스북 중에서

매번 정당의 공천심사나 장·차관의 인사청문회의 검증과정을 거쳐서 관철되는 고위공직자의 윤리 기준과 같이, 공직자윤리위원회에 백지신탁심사위를 두고 운영한다면 수많은 정치인과 공직자들이 공직심사의 관문에서 발생하는 정치적 분란과 인적자산의 손실을 최소화할 수 있지 않겠는가? 더 나아가 지난번 LH사태처럼 공직자들의 부동산 투기로 인한 정부의 부동산정책에 대한 불신은 물론 우리 사회에 만연한 부동산 투기에 대한 심리도 잠재울 수도 있을 것이다.

부동산 투기를 막기 위한 정부의 연이은 대책에도 불구하고 부동산 시장이 안정되지 못하는 이유 중에는 정부 정책에 대한 불신이 존재하기 때문이다. 그러한 불신을 만들어내는 가장 큰 원인 중 하나가 고위공직자, 국회의원의 부동산 과다 보유와 불공정한 시세 차익 논란이라고 생각한다.

정부 정책과 동떨어진 고위공직자들의 부동산 재테크는 부동산 정책에 대한 신뢰를 저해할 뿐만 아니라 일반 국민들이 아무런 죄의식 없이 부동산 투기에 뛰어들게 하는 왜곡된 사회문화의 원인이 되기도 한다. 그런 만큼 이제 뼈를 깎는 심정으로 그 해법을 마련할 때가 되었다는 것이다.

개정안은 국무위원, 국회의원, 지자체장, 1급 공무원 등 법으로 정하는 매각대상자는 실거주 1주택 및 실소유가 아닌 부동산은 모두 처분하도록 했다. 실소유는 주택의 경우 본인이 직접 거주하는

1주택으로 한정하고, 건물, 토지 등 주택을 제외한 부동산의 실소유 여부를 심사, 결정하는 부동산백지신탁 관리위원회를 설립하도록 법적 근거를 마련했다.

신탁해지 시 차익은 국고 귀속하도록 하여 재임 기간 시세차익으로 인한 경제적 이득과 직·간접적으로 신탁재산의 관리, 운용, 처분에 관여할 여지를 원천적으로 차단했다. 특히 국회의원은 실거주라 하더라도 해당 선거구 외 지역에 부동산을 보유할 경우 그 목록과 부동산 정보를 국회 공보에 게재하여 유권자의 알 권리를 보장하는 방안도 담았다.

애초 백지신탁 제도는 주식과 관련한 공직자의 이해충돌을 방지하기 위해 도입됐다. 주식 관련 정책을 담당하는 공직자가 직무와 관련성이 있는 주식을 보유하면 직무를 공정하게 수행해야 한다는 공적인 요청과 공직자 개인의 사적·경제적 이해관계가 서로 충돌할 수 있다. 이때 공직자에게 보유 주식을 매각 후 백지신탁 하도록 해 공직부패 가능성을 원천적으로 차단하려는 것이다.

주식이 백지신탁 되면 수탁기관은 신탁계약이 체결된 날부터 60일 이내에 처음 신탁된 주식을 처분해야 한다. 주식백지신탁심사위원회에 보유 주식의 직무 관련성 심사를 청구, 직무 관련성이 없다는 결정을 받으면 이러한 의무를 면한다. 그런데 현행 제도는 과하게 엄격하다는 비판도 있다. 그냥 매각을 해버리면 가격 상승에 따른 이익을 강제로 포기하기 때문이다.

다른 한편으로 주식뿐만 아니라 부동산과 가상재산까지도 백지신탁 대상에 포함해야 한다는 의견도 있다. 나 역시도 생각이 같다. 그럼에도 지속적으로 반대에 부딪히는 이유는 주식에 비해 부동산에 대한 재산증식 기대가 훨씬 크기 때문이다.

심지어 서울양평 고속도로 노선 변경을 통해 대통령 처가에 최고의 수익을 보장하기 위해 애쓰고 있는 원희룡 국토교통부 장관도 2020년에는 '부동산 백지신탁'을 자기 당의 정책으로 추진해야 한다고 주장했다.

부동산정책의 성패는 '모두의 욕망'을 어떻게 관리해내느냐에 달려있다. 그런 만큼 공정함을 최우선의 가치로 삼아야 한다. 그러나 부동산정책에 직간접적으로 영향을 미치는 고위공직자들이 아무것에도 구애받지 않고 부동산을 통한 재산증식을 해 나가도록 허용하면서 다른 한편으로 부동산정책의 공정성과 신뢰를 확보한다는 것은 원천적으로 불가능하다. 이것은 단순히 부동산 시장에 미치는 영향에서 끝나지 않고 부의 대물림과 양극화 심화라는 치명적인 사회문제를 구조화하는 데도 일조하고 있다.

고위공직자의 실거주, 실소유 외 부동산 처분을 의무화하여 불공정한 부동산 취득과 불공정한 이익 실현을 방지할 수 있다면 정부 정책에 대한 신뢰는 물론 청문회 때마다 고질적으로 반복되는 투기 논란을 종식시켜 국가 인재풀을 보호하는 긍정적 효과도 따라올 것이다. 그저 선의와 재량에 맡겨 지금의 상황을 방치하려 든

지방에서 대한민국의 미래를 찾다

다면 문제는 끝없이 반복될 것이고 어떤 정권이 들어서든 신뢰를 얻을 수 없을 것이다. 말 그대로 특단의 조치가 필요한 시점이다.

하지만 그 이후 3년이 지났지만 아직도 이 발의안은 상임위에 계류되어 있는 상황이다. 그 이후 가상재산에 대한 논의도 새롭게 나왔지만 아직까지 이 내용은 제자리걸음을 하고 있다. 나는 부동산과 가상재산에 대한 백지신탁 제도를 민주당이 강하게 밀어붙여야 한다고 생각한다.

이런 법안은 이런저런 사정을 봐주어서는 절대 추진되지 않는다. 국내 백지신탁제도의 기원인 미국 '정부윤리법'은 공직자가 이해충돌 해소 수단으로 백지신탁(blind trust)을 선택하면 수탁자는 자산의 운용에 관한 완전한 재량권을 가진다. 주식·채권·펀드·부동산 등 다양한 유형의 재산이 백지신탁 될 수 있다. 나는 백지신탁 대상의 확대를 위해 미국식 제도를 참고하여 일정 부분은 수정할 수 있다고 생각하지만, 현재와 같이 주식만 포함되고 부동산과 가상재산은 제외되는 불공정한 상황은 하루빨리 해결되어야 한다는 생각이다.

물론 반론도 있다. 현행 제도처럼 재산을 일률적으로 매각하도록 하는 방식은 바람직하지 않다는 주장이다. 강제매각을 전제로 한 제도는 공직자의 재산 손실을 가져온다는 것도 현실이다. 부동산의 경우, 쉽게 매각하지 못하는 경우도 많기 때문이다.

조금 무리한 주장일 수 있지만 나는 대한민국 최고위 공직자가 되려면 그런 희생은 충분히 감수할 충성심은 있어야 한다는 것이 나의 생각이다.

지방에서 대한민국의 미래를 찾다

감사원의 정치개입 방지법,
창의행정을 살리다

내가 나주시장에 재임하면서 가장 안타까웠던 일 중 하나가 감사원의 감사 관행이었다. 이런 생각은 실제 경험해 보지 않은 사람은 잘 느끼기 어려운 일인데, 감사원의 감사는 회계감사와 명확하게 규정된 사무에 대한 감사에 한정해야 한다. 가장 중요하게는 다른 법령에 의해 불법으로 규정되지 않은 한 '정책결정' 그 자체를 감사대상으로 해서는 안 된다.

근본적으로 감사원은 독립기관이다. 감사기관이 독립적이지 않으면 '감사권' 자체가 엄청난 권력이 된다. 감사원은 현행법상 '대통령에 소속하되, 직무에 관하여는 독립의 지위를 가진다'라고 규정되어 있다. 이런 규정을 두지 않으면 5년마다 바뀌는 대통령의 성향과 가치지향에 따라 전 정부의 모든 정책 결정이 사실상의 '부당한 일'로 포장될 수 있다. 하지만 현 감사원장은 국회 법제사법위원회 업무보고에서 "감사원이 대통령의 국정 운영을 지원하는 기관이냐"라는 질의에 '그렇다'고 답하여 정치적 중립을 훼손하는 발언을 하였다.

우리나라는 감사원이 행정부 소속으로 되어 있고 또 그것이 당연하게 여겨지지만 미국 감사원은 의회 소속으로 되어 있다. 원리적으로 보면, 행정부가 집행하고 의회가 감시와 견제를 하는 것이 당연하다. 하지만 우리나라는 이미 오랜 기간 감사원을 대통령 소속으로 두었기에 더더욱 독립적인 활동을 보장하고 그 스스로가 그런 자세를 갖는 것이 중요하다.

설사 감사원이 의회 소속으로 되어 있다 해도 의회 다수당의 입장에 따라 행정부를 감사한다면 그것 역시도 문제가 될 가능성이 크다. 비록 성과는 내지 못했지만, 미국 트럼프 대통령은 그 전의 어떤 대통령보다 북한과의 대화에 적극적이었다. 만약 대통령이 바뀌거나 의회의 다수당이 바뀌었다고 하여 전임 대통령의 정책적인 결정을 감사의 대상으로 하면 모든 대통령은 자기의 소신에 따라 정책을 결정하거나 펼칠 수 없게 된다.

그래서 결과적으로 '감사'는 회계감사, 규정된 절차에 따른 감사에 국한해야 한다. 불행한 일이지만 우리 공직사회는 오랫동안 감사원의 과도한 감사에 시달려왔다. 어떤 면에서 보자면 표적감사라는 표현이 과하지 않을 정도다.

지방에서 대한민국의 미래를 찾다

'감사'가 감사에 머물러야 하는 또 다른 이유는 '감사'가 '수사'에 이르게 될 경우 생기는 문제다. 감사는 형식상 내부의 점검이다. 범죄의 수사가 아니다. 감사 과정에서 명백한 불법이 발견되면 고발하면 그만이지, 감사원 자체가 수사의 범위까지 확대되어서는 곤란한 일이다.

그런데 현재의 감사원은 아예 검찰과 한몸으로 움직이고 있다. 나는 이러한 '감사'의 근본적인 문제를 해결하기 위해 '감사원법 개정안'을 대표 발의했다. 지금까지 21대 국회에서 '감사원법 개정안'은 총 42개가 발의되었는데 더불어민주당 전원이 발의한 개정안을 제외하고는 내가 대표 발의한 개정안에 함께 이름을 올려준 의원 숫자가 60명으로 가장 많다. 왜 그럴까? 내가 생각하는 감사원의 근본적인 역할과 그 역할을 제대로 해야 한다는 내용에 많은 의원들이 동의했기 때문이라고 판단한다.

윤석열 정부의 감사원은 '감사원'인지 '검찰의 감사원 지부'인지 헷갈릴 정도다. 이러한 상황은 지금까지 내가 기억하는 감사원장 중에서도 최악의 감사원장이 만들고 있고 유병호 사무총장이 그 행동대장인 듯 총대를 메고 있다.

윤석열 정부 출범 이후 2019년 북한 어민 강제북송 사건, 2020년 서해공무원 피살 사건, 2021년 코로나19 백신 수급 지연, 2022년 3월 대선 '소쿠리 투표' 논란 등 전 정부에서 주목받던 사안들에 대한 감사가 줄줄이 진행되었고, 전현희 국민권익위원장 관련한 감사 문제는, 감사원의 현주소가 어딘지를 명확하게 보여주고 있다.

이처럼 감사원은 '전 정부에서 여론의 주목받았던 사업이나, 전 정부 임무 기관장들을 사퇴시키기 위한 압력용'으로 감사를 진행하거나 진행할 예정으로, 이는 감사원의 권한을 정치적으로 남용하는 것은 물론 현장 공무원들의 업무를 과도하게 위축하는 문제를 불러오고 있다.

특히 자치단체 공무원들에게 감사원은 말 그대로 저승사자에 가깝다. 특히 지방정부에 대한 감사는 회계감사에 머무는 수준이 아니라 거의 수사 수준이라고 해도 과언이 아니다. 어떤 계기로 감사원의 감사를 한번 받아본 공무원이라면 두 번 다시 적극적인 행정을 하지 않는다.

감사에서 문제가 생기면 누구도 챙겨주지 않는, 아니 챙겨줄 수 없는 게 감사원의 감사 실상이다. 그 냉혹한 현실을 겪어본 사람이라면 누가 그런 일을 다시 겪고 싶을까. 그런데 벌어진 문제도 실제 문제가 아니라 '트집잡기, 군기잡기, 길들이기'식 감사의 결과라면 그 정신적인 충격과 고통은 쉽게 사라지지 않는다. 감사원은 적어도 불법이 아닌 한 '회계감사'에 머물러야 하는 이유가 바로 이런 것이다.

감사원이 자신들이 가진 감사권을 정치적으로 이용되지 못하도록 법을 개정하는 감사원법 개정안은 내가 오랫동안 생각한 개혁 과제 중 하나였다. 그래서 개정안 발의에 몇 가지 중요한 내용을 담았다.

지방에서 대한민국의 미래를 찾다

이를 위해서 감사원 임직원에 대한 정치적 중립을 의무 중 하나로 규정하고 이를 위반한 경우 형사처벌을 받도록 기존 법률을 개정하거나 신설했다. 국민권익위원회 전현희 위원장의 감사문제에서 불거진 감사위원회의 내용을 국회에 보고하는 조항도 신설했다.

지금까지 감사원은 '업무상 비밀'이라는 이유로 공개하지 않던 감사위원회의 의결 사항을 공개원칙으로 전환하고 비록 비공개로 하더라도 국회 상임위가 요구하면 보고하도록 법안 내용을 신설했다.

감사원은 행정부 감사 기능이 핵심적인 기능으로 작동해야 하므로 원장을 뺀 나머지 인사권을 대통령이 아닌 감사원장으로 변경하여 외부의 간섭을 최대한 배제하고자 했다. 감사위원과 사무총장을 대통령이 임명함으로써 과도하게 정치적인 감사 결정을 하는 우려를 사전에 차단하기 위한 것이다.

또한 감사원이 감사를 실시할 경우 감사대상자에게 감사원 규칙으로 정하는 바에 따라 감사사유를 사전에 통지하도록 하고, 감사원의 감사 금지사항에 '정부의 중요 정책결정 및 정책 목적의 당부(當否)'를 추가하여 정책에 대한 감사를 제한했다.

이 과정에 대해 한 가지 아쉬운 점이 있다면 '정부의 중요 정책결정 및 정책 목적의 당부(當否)'만이 아니라 자치단체의 정책에도 이러한 내용을 추가하고 싶었지만 실제 법안에는 담지 못했다. 법안을 실제로 상임위에서 통과시키고 또 법사위에서 통과시키기 위해서는 어쩔 수 없는 타협이 필요하다. 국회의원 대부분은 자치단체장 경험이 없고 또 자치단체의 사무를 얕잡아 보는 경향이 있기 때문이다. 중앙정부의 관료들과 비슷한 시각이 강하다. 그러니 내가 제안한 내용이 100 퍼센트 다 동의를 받기는 어려웠다. 국회의원을 하면서 항상 느끼는 한계이자 아쉬움이다.

설령 '정부의 중요 정책결정 및 정책 목적의 당부(當否)'에 대한 감사를 하더라도 위법 또는 고의, 중대한 과실이 아닌 경우 해당 업무 담당자에 대하여 정당한 사유 없이 징계 요구 또는 문책 요구를 자제하도록 하는 제한 사항도 두었다.

특히 윤석열 정부 들어서 갑자기 증가된 특별감사의 경우, 감찰 계획서를 국회 소관 상임위원회에 제출하여 승인을 얻도록 하고 감사 결과를 국회에 보고하도록 하였다. 현장 공무원들의 원성이 자자한 갑작스러운 조사와 출석요구에 대해서도 사전에 통지하도록 하여 감사원이 '군기잡기 감사'를 최대한 줄이도록 했다.

이러한 법안 내용은 평소 내가 가지고 있는 감사원의 감사권이 정치적으로 남용되거나 악의적으로 의도된 감사가 되지 않도록 해야 한다는 의지를 담았다.

물론 나중에 더불어민주당 의원 전원이 서명한 다른 개정안도 발의되었다. 감사원의 문제가 지속적으로 발생하면서 당 차원에서 대응하기 위해서였다.

현재까지 내가 생각하고 노력했던 감사원법 개정은 이뤄지지 않았다. 안타깝다. 하지만 내가 국회의원 역할을 하는 동안 나는 이

지방에서 대한민국의 미래를 찾다

러한 법 개정을 이룰 수 있도록 노력할 것이다. 그렇지 않으면 지금까지 그랬던 것처럼 감사원의 감사가 자치행정과 정책에 큰 걸림돌이 될 수밖에 없기 때문이다.

이러한 문제의식에 공감하는 많은 분들이 22대 국회에 더 많이 들어와 나와 함께 이 일을 함께해 주길 기대해 본다.

2023.9.26.
더불어민주당 윤석열정권정치탄압대책위원회
의원들과 함께 감사원 항의 방문.
문재인 정부에 대한 표적감사 중단을 촉구하고,
감사원장을 만나 국민의 뜻을 강력하게 전달했다.

김포시 서울편입 논란,
지방소멸 대응에 역주행!

|

뜬금없는 김포시의 서울편입 논란으로 정치가 한창 시끄럽다. 결론부터 말하면 이 논란은 말 그대로 '선거만을 위해 무책임하게 던지는 하류정치'라고 나는 단언하고 싶다.

이번 논란이 더 뜨거운 이유는 오히려 여당 소속 광역자치단체장들의 반대가 더 직설적으로 나오기 때문인데 우선 국민의힘 소속 부산시장 출신인 서병수 의원의 말이 이 논란의 핵심을 찌른다.

"서울은 이미 너무 메가시티여서 문제다."

이 주장에 나 역시 100 퍼센트 공감한다. 서울은 메가시티가 되기에 부족한 게 아니라 오히려 차고 넘친다.

너무 오래전 읽어서 이름도 잘 기억나지 않지만 프랑스의 한 사회

학자는 "프랑스는 파리와 그 주변으로 이뤄졌다"는 유명한 말을 남겼다. 이 말은 프랑스 파리가 차지하는 중요성을 강조한 말이 아니라 프랑스라는 나라가 너무 파리 중심으로 구성된 점을 꼬집는 말이었다.

이에 빗대어 말하자면 "대한민국은 서울과 그 주변으로 이뤄졌다"고 해도 과언이 아니다. 국토의 모양으로 보자면 서울은 한반도에서는 중간이지만 실질적인 국토인 남한의 모양으로 보자면 과도하게 북쪽에 몰려 있다. 그런데 그 북쪽에 대한민국 자원의 50 퍼센트 이상이 넘쳐난다.

대기업 본사는 80 퍼센트에 이르고 실제로 굴러가는 돈 역시도 그와 비슷할 것이다. 이미 서울은 너무 메가시티다.

김태흠 충남도지사도 거들었다. 김포시 서울편입은 말도 안 되고 현실성도 없다고 직격탄을 날리고 지금 우리나라에 필요한 것은 서울 메가시티가 아니라 지방 중심의 광역행정에 해당하는 메가시티가 우선이라는 기자회견까지 했다.

이로써 국민의힘 현직 광역 단체장인 인천시장, 충남지사가 직격탄을 날리는데 합류했고 전직 부산시장은 '촌철살인'으로 정부 여당의 주장을 일축했으며 실제로 경기도나 서울의 상당수 자치단체장들이 이 방침에 반발하고 있는 것으로 알려졌다.

결과적으로 국힘의 이번 김포시 서울편입은 해프닝으로 끝날 것이다. 하지만 뼈아픈 기억이 있다. 2010년 지방선거를 기억해 보면

지방에서 대한민국의 미래를 찾다

당시 오세훈 서울시장은 '뉴타운'이라는 이름으로 서울시민들을 혹세무민했다.

자기의 땅값과 집값이 올라가는 것에 반대할 사람은 아무도 없다. 그건 모든 사람들의 심리다. 오세훈은 당시 '뉴타운' 신기루를 말하면서 자신이 서울시장에 당선되면 모든 것이 해결될 것처럼 말했다. 그리고 서울 시민들은 부동산의 꿈에 부풀어 오세훈을 선택했다. 하지만 그 결과는 어떠했나?

여당발 김포시 서울편입은 제2의 뉴타운 같은 신기루이다. 서울편입이 가져올 집값 상승을 기대하는 주변부 도시민들에게 말도 안 되는 희망 고문을 하면서 자신들의 실정을 가리려는 의도인데 이게 될 리가 없다.

안타까운 얘기지만 실제 서울과 인접한 도시에서는 집값이 움직인다고 한다. 나는 이러한 움직임이 그리 오래가지 못할 것이라고 생각한다. 이렇게 국민의 욕망을 부추겨 표를 얻을 거라고 생각한다면 오산이다. 오직 정치적 셈법밖에 없는 술수에 속아 넘어갈 만큼 국민은 어리석지 않다.

다음 페이지에 오는 표만 보면 서울로 편입되겠다고 말하는 김포시장은 정신이 나간 사람이다. 예산을 단순비교하면 인구 51만의 김포시가 1조6천억 원이고, 인구가 48만5천 명인 관악구가 9천7백억 원이다.

단순 예산총액만의 문제가 아니다. 기초지자체는 자신이 직접 걷어서 직접 쓰는 예산이 중요한데 단순히 세외수입을 제외하고 지방세를 살펴보더라도 김포시가 2배가 넘는 세금을 걷을 수 있다.

예산으로 보는 김포시의 서울 편입

예산단위: 억원, 인구단위: 천명

구분	마포구	관악구	용산구	영등포구	김포시
2023년 예산	7,784	9,714	6,116	8,293	16,100
지방세	1,847	1,356	1,916	2,168	4,200
조정교부금	1,077	2,196	779	844	1,400
보조금	3,234	4,662	2,077	3,533	5,529
인구	364	485	218	375	513

1) 예산내용은 2023년 당초예산의 일반회계와 특별회계를 합산.

2) 지방세는 해당 지자체의 지방세 총합을 말함(세외수입 제외).

3) 조정교부금은 광역자치단체로부터 받는 조정교부금을 합산.

4) 보조금은 국가, 광역자치단체의 보조사업에 지원되는 금액을 합산.

5) 인구는 2022년 12월을 기준으로 하였으나 김포시는 2023년 5월 기준임.

과연 김포시의 부동산과 서울 시내의 부동산값 중 어느 쪽이 더 높을까? 이건 상식에 속한다. 이 말은 서울시 안의 자치구는 자기가 걷을 세금을 온전히 걷지 못한다.

조정교부금만 해도 그렇다. 조정교부금은 주로 상급 광역자치단체로부터 받는 금액이다. 단순하게 설명하자면 서울시가 각 자치구로 주는 금액과 경기도가 김포시로 주는 보조금을 비교한 것인데 인구가 제일 많은 관악구를 빼면 김포시가 월등히 많다는 점을 알 수 있다. 돈 많이 주는 경기도를 버리고 서울시로 가겠다는 것이다.

보조금은 국가나 광역자치단체가 주는, 사업의 보조금 성격인데 이것 또한 서울의 다른 자치구에 비해 월등히 많다.

예산을 떠나 자치권을 가진 김포시와 일반 광역도시 자치구의 자치권은 비교조차 하기 어렵다. 내가 나주시장을 하면서 뼈저리게 느낀 사실인데 전라남도 나주시의 자치권이 광주시 자치구의 자치권에 비해 월등히 높다.

적어도 김포를 책임지겠다고 출마하여 김포시장이 된 사람이 자기에게 주어진 자치권을 포기한다는 것은 일반 상식으로 도저히 이해하기 어려운 일이다.

김병수 김포시장은 홍철호 전 의원의 보좌관 출신이다. 그리고 이번 김포 서울 편입 발언은 홍철호 전 의원이 당원 행사에서 주장한 일이다. 김병수 김포시장은 시장의 가진 권한과 자치권을 전 보스에게 넘겼다고밖에 설명할 수 없다.

공익을 추구하는 시장이 자신이 과거에 모신 국회의원의 주장을 따라간다는 것은 공익을 버리고 사익을 추구했다고밖에 설명할 수 없다. 이것이 오늘날 대한민국 지방자치의 현주소다.

이번 김포시 서울 편입 얘기는 경기북도 특별자치도를 만드는 과
정에서 불거졌다. 경기도가 경기 북부 지역을 특별자치도 형식으로
묶는 과정에서 김포시는 경기 북부로 들어가기도 어렵고 남부로 편
입되는 일도 쉽지 않다는 입장을 밝혔다.

그래서 김동연 경기지사는 일단 경기북도특별자치도로 묶는 것
을 보류하고 김포시의 결정을 존중하겠다는 입장을 밝혔다. 광역
단체장으로 보면 대단히 유연한 태도고 자치와 분권에 걸맞은 행
보다. 이런 관용적인 입장에 대한 대답이 서울편입이었다.

지리상으로 보면 김포시의 이런 주장을 터무니없다고 말하기도
어렵지만 만약 김포시장과 경기도지사가 같은 정당 소속이었으면
아마 이런 문제는 발생하지 않았을 것이다. 이 얘기는 같은 정당이
어야만 협조가 잘 된다는 것이 아니라 우리의 자치 현실에서는 불
필요하게 이런 문제가 발생하는 게 다반사이다. 시민을 기준으로
보면 아무 문제가 안 되는 것을 자꾸 정치적인 문제로 판단하면서
생기는 일이라고 나는 생각한다.

인천시는 지난 9월 초 '서부수도권연합'이라는 이름으로 인천을
중심으로 한 김포, 부천, 시흥, 안산을 포괄하는 광역 개념의 연합행
정기구 구성을 발표했다. 이 프로젝트는 인천시가 구상하고 있는 신

홍콩프로젝트의 일환으로 생활권이 같은 5개 도시를 연계하는 정책을 만들자는 것으로 과거 부울경 메가시티와 유사한 개념이었다.

인천시가 추진하는 이 프로젝트가 얼마나 현실성이 있고 미래지향적인지는 나로서는 판단할 방법이 없다. 다만 중요한 것은 시민들의 생활권을 존중하고 자치단체 상호 간에 서로에게 협력이 되는 방법을 찾는 일은 그 자체로 중요한 일이다.

이번 김포시의 주장은 서울과의 연합을 통한 서로 간의 윈윈을 구하는 게 아니라 아예 행정구역 자체를 통합하여 서울로 들어간다는 것인데 예산 면에서도 그렇지만 자치의 지향이라는 면에서도 결코 해서는 안 되는 주장이다.

이러한 여당 일각의 황당한 주장에 대하여 네티즌들은 재치 있는 글과 그림으로 이를 반박하고 있다.

가장 대표적인 것이 북한침투설. 김포는 북한 땅과 마주하고 있다. 만약 김포가 서울에 편입된다면 수도 서울이 북한과 마주하는 것인데 이게 제정신에서 나온 주장인지를 풍자한 그림이다. 나로서는 잘 보지 못한 부분인데 생각해 보니 정말 그렇다. 과거 박정희 대통령이 대전으로 수도를 옮기려고 했던 것 역시 서울이 휴전선과 너무 가깝다는 이유였다.

뉴스마다 나오는 북한 장사정포 문제는 서울의 심각한 문제다. 군사전문가들의 말에 따르면 북한 장사정포의 사정거리는 무기에 따라 서울 북부와 경기 남부의 수원비행장, 평택 미군기지까지 가능하다고 한다. 그런 이유로 THAAD 배치 문제가 불거졌을 때 평택에 배치하지 못하고 경북 상주까지 내려갔다는 것은 공지의 비밀이다.

윤석열 정부와 여당은 연일 북한의 위협을 거론하며 국가안보를 강조한다. 그런 그들이 북한과의 접경지역인 김포를 수도 서울에 편입하겠다고 한다. 이런 사실을 보면 결국 그들이 말하는 북한의 위협과 안보는 국민의 불안심리를 자극하여 자신들의 실정을 가리고 불만을 잠재우겠다는 것으로밖에 보이지 않는다.

앞서 얘기한 그림 외 보는 사람들에게 폭소를 자아내게 하는 그림도 여러 개 등장했다. 서울과 경기, 인천을 모두 서울로 만들자는 그림이 나오더니 이어서 대한민국 전체를 서울로 만들자는 그림도 등장했다. 황당한 김포의 서울시 편입을 비꼬는 만평이라고 할 수 있다. 여기에 어안이 벙벙한 지도까지 등장했는데 러시아와 인도, 중국을 합쳐서 서울시로 하고 유럽은 전라도, 아메리카는 경상도, 호주대륙은 제주도로 표시한 지도였다.

여당의 주장이 얼마나 황당했는지를 보여주는 네티즌들의 풍자였다. 나는 이런 풍자에 약하다. 그래서 이런 그림을 볼 때마다 상상력이 참 대단하다는 생각이 절로 든다.

지방에서 대한민국의 미래를 찾다

정치혐오에 기반한
반정치주의

|
|

22대 국회의원 선거를 앞두고 여당에서 국회의원 정원을 줄이자는 주장을 한다. 시민의 정치 혐오감이 강한 우리나라 정치 풍토에서 자칫 그럴듯하게 들릴 수도 있다. 이런 이유로 국회의원 정원 감축이 제대로 된 정치를 하자는 게 아니라 당장 눈앞의 표만 계산하는 주장이라고 반론하고 설득하기는 쉽지 않은 일이다. 하지만 세계 여러 나라의 현황과 사례를 살펴보면 이런 여당의 주장은 유권자의 호응을 얻기 어렵다.

보다 객관적인 현황 분석을 위해 선거연수원에서 나온 자료와 세계은행 통계를 참고하여 분석하면 다음과 같다.

우선 우리나라와 인구가 비슷한 OECD 국가만 비교해도 다음 표와 같은 결과다.

선거연수원 자료와 세계은행 통계를 정리

기준: 2017년~2020년 사이

	인구	국회의원 숫자	1인당 인구수
프랑스	6,775만	925	73,243
영국	6,773만	1,450	46,432
이탈리아	5,911만	600	98,516
대한민국	5,174만	300	172,483
스페인	4,742만	615	77,099
캐나다	3,825만	443	86,334
폴란드	3,775만	560	67,406

실제 비교해 보면 우리나라 국회의원 숫자는 그리 많은 편이 아니다. 나라마다 제도와 문화가 다르기 때문에 직접적인 비교가 어느 정도의 설득력이 있을지는 모르지만 대충만 살펴봐도 우리나라 국회의원은 1인당 대표하는 인구수가 17만 명이 넘는다. 어느 나라도 10만 명 이상은 없다.

이런 사실을 모를 리 없는 여당 대표는 국민의 정치혐오에 편승하기 위해 국회의원 정수를 10 퍼센트 줄이자는 주장을 내놨다. 물론 이 주장은 비례대표 제도를 다시 과거로 돌리기 위한 일종의 미끼 같은 것인데 현재까지 비례대표 선출 방식에 대해서는 안개 속과 같은 상황이라 이번 22대 국회의원 선거에서 어떤 결과를 가져올지는 아직 예단하기 어렵다.

지방에서 대한민국의 미래를 찾다

분명한 것은 직업 비례성과 연동 비례성을 높여야 한다는 점이다. 사실상 영호남에서는 특정 정당의 공천이 곧 당선이라는 등식이 성립한다. 물론 영호남에도 양당 지배 질서에 저항하는 흐름이 없는 것도 아니다. 당장 호남만 하더라도 무소속 단체장과 시도의원이 다른 지역에 비해 무척 많은 편이다. 이 현상을 어떻게 바라봐야 할까?

　수도권에서는 출마 자체가 쉽지 않은 무소속 단체장들이 영호남에서는 당선될까? 나는 이것이 양당 모두에서 풀어야 할 숙제라고 생각한다. 정당의 민주주의가 살아나지 않는 한 이런 문제는 계속될 것이고 이런 문제가 지속되는 한 우리의 정치가 한 발 앞으로 나아갔다고 말하기 어렵다. 나 역시 그 책임에서 벗어나 있다고 생각하지 않는다. 이와 비슷하게 정치혐오를 부추기는 사람들이 많은데 내가 보기엔 자기 스스로가 자신이 포함되어 있는 정치를 혐오하면서 일종의 '좋아요'를 받기 위한 것이라고 나는 해석한다.

　모두가 인정하는 것처럼 우리나라는 정치혐오가 너무 심한 나라이다. 이 때문에 정치권에서 직함에 '혁신'이라는 단어를 붙인 사람들은 결국 '반정치'를 '정치개혁'이라고 말하는 경향이 심하다.

　최근 여당의 혁신위원장을 맡고 있는 인요한 위원장이 '혁신안'이라고 내어놓은 이야기도 사실 따지고 보면 90 퍼센트는 정치혐오에 기반하고 있다.

지도부와 영남 중진과 대통령 측근의 불출마 또는 험지 출마는 정당이나 진영을 가리지 않고 나오는 단골 메뉴인데 3선 이상은 지역구를 바꾸라거나 86세대는 용퇴하라는 식으로 변화되면서 항상 똑같이 나오는 얘기다.

냉정하고 건조하게 말하자면 험지 출마든 불출마든 그건 그 정치인 개인이 결단해야 할 영역이다. 더구나 어느 집단이든 노련하고 경험 많은 사람이 필요한 것도 사실이다. 무조건 어느 기간이 지나면 사람을 바꿔야만 최선이라는 것도 현실에서는 합당하지 않다.

우리가 상징적으로 알고 있는 노무현 대통령, 김부겸 총리, 김두관 의원이 영남에 출마한 것은 '밀려서' 간 것이 아니다. 스스로 자신의 가치를 증명하기 위해, 자신이 추구하는 비전을 위해 간 것이다. 그래서 이들의 정치와 도전이 더 기억에 남고 의미가 크다고 인식되는 것이다. 당선될 수 있는 지역을 스스로 내려놓고 말 그대로 험지에 갔기 때문에 대중들로부터 평가받는 거다.

김두관 의원의 경우, 지난 2020년 총선에서 원래 지역구이던 김포에서 도전하면 당연히 재선에 성공할 것이라는 기대가 있었고 본인도 그런 생각을 했지만 부울경이 어려우니 내려가 달라고 당에서 요구하자 두 말없이 양산으로 내려갔다. 웬만한 사람이면 절대 하지 못할 정치적 결정이라고 나는 생각한다. 그런 지역구 바꿈이 되어야 사람들에게 조금이라도 감동을 주지 어쩔 수 없이 밀려나듯

지방에서 대한민국의 미래를 찾다

갔다면 그 역시도 양산에서 승리하기는 어려웠을 것이다.

사실 지난 2020년 선거를 되돌아보면 국민의힘에서 험지에 출마한 중진은 꽤 많다. 하지만 전부 낙선했다. 떠밀려서 불출마하거나 강제로 험지에 차출되는 건 당을 위한 개인의 희생이나 헌신, 도전이 아니라 당내 권력투쟁의 결과로 인한 '물갈이'일 뿐이다. 그래서 감동도 없고 기억하는 이도 없다.

인요한 위원장에 대한 감정은 없지만 솔직하고 직접적으로 말하자면 인요한 위원장이 말하는 '험지출마'를 정치적 언어로 해석하면 이런 뜻이 된다.

"또 선거 시즌이 돌아왔습니다. 우리나라 국민은 정치를 혐오합니다. 특히 국회의원을 더 혐오하지요. 특히 TV에서 많이 본 사람들을 싫어하는 경향이 뚜렷합니다. 그러니 우리는 새로운 인물, 국민이 좋아할 만한 인물, 우리 당이 뭔가 바뀌었음을 증명할 새 얼굴을 영입해야 합니다. 그러니 그들에게 줄 자리를 위해 좀 오래 해 먹은 사람들은 자리에서 알아서 물러나세요. 만약 안 그러면 제가 강제적으로 아무도 원하지 않는 지역에 공천을 주도록 할 겁니다"

해석이 너무 과한가? 나는 이런 흐름은 여야 구분 없는 일이라고 해석한다.

더 가슴이 아픈 일은 우리나라의 정치혐오 현실에서 물갈이가 전혀 의미 없다고 말하기도 어렵다는 사실이다. 우리나라는 막연한 정치혐오가 너무 강한 나라이기 때문에 초선 진입률이 세계에서 제일 높은 편이다. 정치적 성장 과정이나 어떤 일에 대한 그 사람의 생각, 과거에 대한 검증 없이 이른바 '신선하고 인기 있는 영입 인사'로 들어왔다가 4년 뒤에는 국민으로부터 '똑같은 혐오 인사'로 평가를 받은 사람들은 기억할 수도 없이 많았다.

여성가족부 장관에서 낙마한 김행 후보자를 생각해 보라. 과연 대통령실이라고 그 사람이 그런 주식 파킹이나 행동의 패턴이 있을 거라고 예상했을까? 적어도 나는 그렇지 않았을 거라고 생각한다. 아무리 망나니 같은 사람도 큰 책임을 맡다 보면 나름의 책임감과 사명감이 생기는 법이다. 동네 이장을 맡아도 그런 감정이 드는 게 인간인데 하물며 대통령실이라고 다르겠는가.

나는 막연한 정치혐오에 기반한 물갈이가 반복되는 한 이런 문제는 끊임없이 지속될 것이라고 생각한다. 그렇다고 '물갈이를 하지 말자'고 말할 용기도 없다. 현장에서 만나는 유권자들은 정치권을 냉정하게 비판하기도 하지만 막연하게 혐오하는 정서도 강하기 때문이다.

'물갈이'라는 이름으로 사람을 계속 갈아치우는데도 이런 정치혐오가 계속 나타난다면 '사람'이 아니라 우리 정당정치와 의회주의가 제대로 돌아가고 있는가를 점검해야 한다. 그리고 큰 틀에서 정당의 내부개혁과 의회 중의의 프로세스를 장기적 관점에서 고쳐야 한다.

지방에서 대한민국의 미래를 찾다

국민의 정치혐오에 기대어 항상 등장하는 주장이 세비 감축 문제가 있다. 나도 그 의견에 반대하는 것은 아니다. 문제는 이걸 국민의 정치혐오에 올라타려는 의도가 불순할 뿐이다. 실제로 국회의원 세비는 장관보다 적다. 더구나 장관이 되면 당연히 쓰게 되는 일종의 판공비도 없다. 언론에서는 기회만 되면 국회의원들이 받는 이런저런 수당에 대해 얘기하지만 그런 방식으로 연봉을 계산하면 은행권의 연봉이 훨씬 문제가 심하다.

어느 은행장은 연봉이 20억이 넘기도 한다. 국정감사를 받는 비상임인 농협중앙회장의 연봉은 국회의원의 7배에 가까운 7억 원 수준이다. 그런데 그 사람에 대해서는 아무 말도 안 한다. 연봉이 20억이면 그 사람이 연봉 20억 원 치 일을 한다고 생각하기 때문일까?

결과적으로 이 세비 문제도 '니네가 하는 일이 뭔데 그런 돈을 받냐'에 기반해 있다. 실제로 많은 사람들이 말로는 '일만 잘하면 더 받아도 된다'고 하기도 한다. 그렇다면 세비액의 문제가 아니라 일을 잘하는가를 따져야 한다.

현실적인 점에서 따지고 보면 '세비감축' 같은 일은 지속 가능한 일이 아니다. 임금이란 어차피 오르게 되어 있다. 모든 국민이 자기의 연봉이 인상되길 바라는 것처럼.

가끔 선거 과정을 보면, '월급반납'을 약속하는 후보자를 본다.

특히 단체장의 경우 그런 경우가 많은데 이 역시 그 숭고한 주장과는 반대로 결국 '정치혐오'에 기반하는 일이다. 지금까지 그런 주장을 하는 사람을 여럿 봤는데, 내가 느낀 감정은 차라리 월급 정상적으로 받고 더 일을 열심히 하는 게 낫다는 판단이었다. 이런 주장을 하면 심지어 그런 사람을 나쁜 정치인으로 판단하는 게 더 현실에 가깝다는 느낌도 적지 않았다.

보좌진 축소에 대한 의견도 많은데 나는 오히려 거꾸로 생각한다. 결국 이것도 국회의원 세비문제처럼 '저놈들 일도 안 하면서 뭔 보좌진을 저리 많이 쓰냐'는 인식에서 나오는 것이다. 다시 강조하지만 '일을 제대로 할 수 있도록 여러 가지 의회 시스템을 고치는 방향'이 실제 정치의 발전과 대한민국의 발전에 더 도움이 된다.

부언하자면, 올해부터 지방의회 보좌인력이 채용되기 시작했다. 지역에 따라 약간의 차이는 있지만 모든 의회는 의원 숫자의 절반에 해당하는 보좌인력을 채용할 수 있게 되었다.

누군가 나에게 일도양단의 관점에서 판단하라고 한다면 장기적으로 지방의회에 도움이 되는 제도라고 생각한다. 이 문제도 결국은 지방의회의 논의구조와 선출구조가 한 단계 업그레이드되면서 조금씩 발전해 갈 것이다. 나는 그렇게 믿고 싶다.

쌈박질하는 국회 모습에
대한 변명

평소 다양한 행사장이나 모임 등에서 사람들을 만날 때마다 자주 듣는 말이 '국회의원들이 왜 그렇게 쌈박질만 하느냐?' 하는 질책이다. 이런 말을 들을 때마다 참 부끄럽기도 하고 뭐라 답변하기 궁색한 것이 사실이다. 속으로야 '싸울 만해서 싸웁니다'라는 말이 나오려고 하지만 그런 질책을 하는 분들에게는 결례가 될 것 같아 참는 편이다.

짧은 시간 안에 저간의 사정을 다 설명드리기도 쉽지 않은 데다가 국회라는 집단이 가진 집단문화, 회의문화가 있어서 그런 점까지를 세세하게 설명한다는 것 자체가 불가능에 가깝다.

'왜 싸우는가?'라는 물음의 전제에는 '싸우는 것은 나쁜 것'이라는 생각이 깔려 있다. 일종의 도덕률이다. 이것은 우리의 전통적인 유교적 정서와 관련이 깊다는 것이 내 생각이다. 아직 농촌형 공동체 문화가 강한 나주나 화순에서야 자연스럽지만 대도시에서도 이런 문화는 아직도 뿌리 깊다.

나는 평소 '민주주의는 거리의 칼부림을 실내로 끌고 들어와 말로 싸우는 제도'라는 느낌을 많이 받지만 방송을 통해 국회의원들끼리 싸우는 장면을 수없이 보아온 일반 시민들의 입장에서 도대체 왜 저리 싸우나? 하는 의구심을 갖는 것은 당연한 일에 가깝다.

"만인에 의한 만인의 투쟁"이라는 말이 있다. 토마스 홉스(Thomas Hobbes)가 한 말로 알려져 있는데 라틴어로 쓰인 『시민론』(De cive)의 서두에 "사람은 사람에게 있어서 늑대이다(homo homni lupus)"라는 말과 함께 나와 있다고 한다.

인간사회에 질서와 규율이 없다면 물리적 힘에 따라 뺏고 빼앗기는 아비규환에서 살게 될 것이다. 그래서 인간은 '질서의 문명'을 만들었고 그 문명은 발전을 거듭하여 그나마 가장 나은 제도(내가 보기에 결코 최선은 아니지만 그나마 최악은 면하는)를 만든 것이 민주주의라고 생각한다. 민주주의는 폭력의 대결이 아니라 말의 대결이고 논리의 대결이지만 결과적으로는 숫자의 대결로 귀결된다. 모든 국회 의결과정이 그렇다.

그래서 어떤 학자들은 민주주의라는 단어를 왜 民主主義라는 한자로 번역했나? 하는 탄식을 내놓기도 한다. 실제 民主主義라는 단어는 '주권재민'을 강조한 것일 텐데 현실에서는 다수의 지배를 의미한다는 것이다. 그래서 왜 일본인들이 이런 번역을 내놓아서 '민주주의'를 고생시키느냐 하는 농담도 있다.

국회는 형식 논리상 주권을 가진 국민의 대의기구다. 이건 형식에만 그치는 것이 아니라 공화주의 제도를 가진 모든 나라에서 유권자를 대신해 권력을 행사하는 막강한 기구다.

정부는 선출되는 1인과 선출되지 않은 수백만으로 구성되고 사법부는 선출된 사람이 하나도 없이 오로지 임용된 사람들로만 구성되지만 국회는 전원 선출된 사람들로만 구성된다. 그래서 삼권분립 국가에서 사법부를 감시하고 공식적으로 감사할 수 있는 권한은 국회에만 부여된다.

어느 사회건 갈등 없는 사회는 없다. 이 갈등이 격화되면 '만인에 의한 만인의 투쟁' 사회로 간다. 국회는 그 갈등을 중재하는 곳이 아니다. 각 갈등의 주체들을 대신해 갈등하고 싸운다. 의사와 간호사에 간호조무사까지의 이해관계가 맞부딪혔던 간호사법 개정안처럼 국회는 365일 각계각층이 자신들의 이익을 관철하기 위해 경쟁하는 각축장이다.

과거에는 국회에서 주먹으로 싸우는 일도 많았다. 쇠망치와 쇠사슬도 등장했다. 의자를 집어 던지며 싸우는 장면도 있다. 하지만 거기까지다. 적어도 총칼로 싸우지는 않는다.

지난 수천 년간 인류는 총칼을 들고 서로가 서로를 죽이는 갈등을 수없이 벌여왔다. 때로는 혁명, 때로는 반혁명이라는 이름으로 말이다. 그리고 그 갈등은 분배와 관련된 싸움이 가장 치열했다. 누가 생산수단인 땅을 차지할 것인가가 지난 수천 년의 전쟁 이유였다면 비교적 가까운 2~3백 년 동안은 생산된 상품과 가치의 배분을 놓고 싸웠다.

국가예산에 대해 '모두의 것은 누구의 것도 아니다'라는 시각이 있다. 그래서 예산배분에서 가장 큰 싸움이 난다. 국회의 싸움 중에 가장 큰 싸움이 예산 싸움이다. 나 역시도 농어민을 위해 얼마의 예산을 배분받을 것인가? 내 지역구 나주와 화순을 위해 얼마의 예산을 가져올 것인가로 싸운다. 때로는 험한 얼굴로 싸우지만 때로는 환한 웃음으로 협상하기도 한다.

이게 국회 싸움의 본질이다. 그러니 이런 싸움을 도덕적 시각으로 부도덕한 일로만 바라볼 것이 아니다. 내가 싸우지 않으면 농어민이 직접 들고 일어서야 한다. 그래서 나는 여전히 제도권 밖에서 아스팔트 농사에만 매달려 있는 농업인 지도자들에게 제발 농업인의 이익을 지켜내기 위해서라도 국회를 이용하라고 한다. 여든 야든 국회에서 전선이 형성되어야 자신들을 위한 법과 예산이 확보될 수 있기 때문이다.

지방에서 대한민국의 미래를 찾다

정부의
건전재정 기조에 대하여

2024년 정부의 예산이 큰 이슈가 되고 있다. 이 책이 출판될 시기에는 이미 예산이 통과되겠지만 지금 논의되는 윤석열 정부의 '건전재정' 기조는 심각한 문제를 유발할 것이다.

국가재정에 관해서는 크게 확대재정과 긴축재정의 방향이 있을 수 있다. 대체로 진보적인 정부는 확대재정을 통해 정부의 역할을 확대하는 경향을 보인다. 이에 반해 보수정권은 작은 정부를 지향하면서 재정 역시도 긴축재정을 한다. 이건 우리나라만 그런 게 아니라 전 세계적인 일반적인 현상이다.

지금으로서는 다 이해하는 정책이지만 1929년 대공황이 발생했을 당시 미국 정부는 대처할 방법을 전혀 몰랐다. 소위 전통주의 경제학자들은 공황은 없다는 환상을 갖고 있었다. 경제 흐름이 지속적으로 유지되면 갑자기 소비가 위축된다든가 생산이 과잉될 수 없고 완전고용이 달성된다는 것이 그들의 생각이었다.

하지만 공황은 발생했고 미국은 급작스러운 상황에 대처하지 못해 우왕좌왕하고 있었다. 이때 혜성같이 나타나 미국 경제의 해법을 제시한 사람이 존 메너드 케인즈였다. 케인즈는 경제 공황의 이유를 설명하면서 "정부재정은 경제상황과 반대로 운영해야 한다"는 처방을 내놓았다.

경기가 좋지 않으면 오히려 정부재정 지출을 확대하고 반대로 경기가 호황이면 지출을 줄여야 한다는 것이다. 그것이 자유시장에서 생기는 문제를 정부 차원에서 예방할 수 있는 방법이라고 주장했다.

이 주장에 따라 미국의 루스벨트 대통령은 이른바 '뉴딜정책'을 전격적으로 시행하면서 최고 소득자들에 대해 90 퍼센트에 가까운 세금을 부과했다. 지금의 눈으로 보면 90 퍼센트의 소득세라는 게 말도 되지 않는 일이었지만 당시 미국은 실제 그렇게 했다. 그렇게 해야 할 정도의 경제위기였고 누구도 이의를 제기하지 않았다.

미국 경제는 뉴딜정책에 힘입어 빠른 속도로 회복되었는데 당시 루스벨트의 구상은 이런 것이었다. 경제위기로 인해 실업자가 생긴다. 그때는 주로 미국 북부가 산업지역이었기 때문에 실업자 대부분은 북부에 집중되어 있었다.

일자리를 잃은 사람들은 당연히 돈이 없고 돈이 없으면 농산물을 사 먹을 수 없다. 그러니 일자리를 잃은 노동자에게도 고통이고 농산물을 팔 수 없는 남부의 농민들도 고통이었다.

루스벨트의 '뉴딜'이라는 말을 우리말로 해석하면 '새로운 타협'이라는 뜻인데 이 뉴딜정책은 우리가 학생 시절 배운 '하루는 땅을 파서 임금을 주고 다음 날은 땅을 메꿔 임금을 주는 식'이 아니라 실제로 정부가 기업의 운전자금을 지원하고 기업이 돌아가면 월급을 받고 월급을 받은 사람들은 농산물을 사 먹을 수 있도록 한 것이다.

이 과정에서 타협이 필요했던 것은, 상당한 경제위기 과정에서 임금도 줄이고 농산물 가격도 낮춰서 서로가 윈윈하자는 생각이었다.

결과적으로 보면 이 뉴딜 정책은 대성공을 거두었고 2차 세계대전을 맡으면서 미국은 다시 호황으로 돌아섰다.

미국의 대공황 상황을 우리의 지금 경제 상황에 대비해 보자. 일단 수출입도 좋지 않다. 지난 50년간 자유무역 기조하에서 전 세계의 자본과 상품이 자유롭게 이동하는 시대였지만 지금은 그 자유무역의 상징인 미국이 자유무역을 포기하는 형태로 나타난다.

잘 아는 것처럼 우리는 수출을 해야 먹고 사는 나라다. 고로 자유무역은 우리 경제가 성장해온 기반이다. 이게 옳으냐 그르냐가 아니라 우리의 현실이다.

그런 상황에서 오히려 선제적으로 중국과 러시아와 교역을 줄이는 외교방식을 선택했다. 물론 그 이유만으로 무역이 줄었다고 말하기는 어렵지만 미국이 중국과 경쟁하면서 규제중심의 무역으로 나아가고 있는데 그 방향을 최대한 막아도 부족한 상황에서 미국 편만 들면서 오히려 규제무역의 조건을 만들고 있다는 점이 심각한 문제다.

이러한 상황으로 인해 우리 경제가 상당한 위험에 처해있으면 정부는 재정지출을 확대해서 어려운 사람들을 지원해야 한다. 결국 위기는 왔고 국가가 재정을 풀지 않으면 결국 개인들이 그 재정을 감당해야 한다. 당연히 개인 대출은 늘고 이자도 늘어난다.

이자 부담이 높아지면 경기 회전이 줄어들고 경기 회전은 더 악화된다. 이것이 지금 우리가 맞고 있는 위기의 본질이다.

윤석열 대통령은 2024년 예산안을 설명하는 시정연설에서 2024년 재정기조를 '건전재정'이라고 말했다. '미래 세대에게 빚을 넘겨줄 수 없다'는 말도 덧붙였다. 그런데 분명한 것은 국가가 빚을 지지 않으면 그 부담은 오로지 개인에게 돌아간다.

수입이나 자산이 많은 사람은 감당할 수 있다. 하지만 경제위기라는 괴물은 맨 뒷사람부터 잡아먹는다는 비유처럼 어려운 국민에게는 치명적인 결과를 초래할 것이다.

R&D 예산을 깎았다거나 어느 부분의 예산이 황당하게 없어졌

다는 것은 시작에 불과하다. 경제위기가 예상되는 시기에 다시 긴축재정을 하겠다는 것은 정부가 책임을 방기하고 국민에게 각자도생을 주문하는 일이다. 이게 어떻게 미래세대를 위한 일인가?

정부는 '미래 세대에게 빚을 넘겨줄 수 없다'고 하면서 미래 빚이 아닌 현재 빚을 덮어씌우는 중이다.

최근 국가가 지방정부에 지급하는 교부세가 차질을 빚으면서 전국 지자체에 비상이 걸렸다. 의정부시는 공무원 월급도 문제라는 기사도 나왔다. 지방재정은 근본적으로 중앙정부의 교부세와 보조금에 연동되어 있다. 기초는 광역에서 주는 조정교부금에 또 연동되어 있다.

중앙정부가 교부세를 주지 않으면 이 문제는 연쇄적인 반응을 일으킬 것이다. 아마도 2024년 예산을 작성하면서 어떻게 작성해야 할지 아무도 모르는 초유의 사태를 겪을 수 있다.

정부의 이런 세수 부족은 경제 침체에도 이유가 있겠지만 근본적으로는 감세정책이 직격탄이었다. 2023년 10월 현재 대략 57조 원 정도의 세수가 펑크 날 예정이라 하는데 이 세수 부족이 줄어들기보다는 연말로 갈수록 더 확대될 것이다.

보수정부는 감세의 유혹을 받는다. 세금을 적게 내면 그 돈으로 투자를 해서 경기가 활성화되고 일자리가 늘어난다고 생각한다. 일종의 낙수효과다. 하지만 지난 수십 년간 많은 연구가 있었지만 실질적인 낙수효과는 없다는 것이 학계의 중론이다.

지금의 상황은, 감세 인심은 대통령이 쓰고 경제적 고통은 국민이 감내하는 형국이다. 이런 기조로 나라의 운영이 어디까지 곤두박질치게 될지 큰 걱정이다.

지방에서 대한민국의 미래를 찾다

지역주의 극복, 지방소멸에 대응하는
선거제 개편 필요성

21대 국회 역시 선거 막판인 2023년이 다 가도록 게임의 룰인 선거제를 확정하지 못하고 있다. 지금까지 선거 막판에 특정인에 의해 선거법이 개정되는 과정에서 시행착오, 모순, 실패를 반복해 왔는데 또 그래서는 안 된다.

사실 21대 국회 정개특위에서는 선거제 개편 관련 다양한 논의를 해 왔다. 워크숍, 전원위원회, 공론화 조사 등을 거쳐 결의안까지 마련했다는 점에서 상당한 진전을 이뤘다고 평가할 수 있다. 하지만 예비후보등록 시점에서 선거제와 지역구가 확정되지 않은 것은 국회의 책무를 다하지 못한 거다. 선거법 개정 작업이 늦어지면 늦어질수록 '최악'의 개정이 될 수밖에 없다는 점에서 선거법 개정에 속도를 내야 한다.

나는 21대 국회 하반기부터 정치개혁특별위원회 위원으로 활동하며 선거제 개편 논의에 참여했고 이에 대한 많은 고민을 할 기회가 있었다.

대한민국 정치의 가장 큰 위협은 '정치적 양극단화, 승자독식 정치구조, 적대적 대결정치'였으며 그 이면에 선거제도가 있었다. 현행 선거제도(소선거구 + 준연동 전국 비례제)는 승자독식, 거대양당 중심 정치, 경쟁 격화, 사표 발생 및 대표성 약화는 물론 위성정당 창당 문제까지 초래했다. 정당 득표율과 의석수 사이의 불비례성은 강화됐고, 진영논리와 지역구도가 더욱 심화되면서 양당제를 더 공고히 했다.

무엇보다 2020년 민주당이 위성정당을 만든 것에 대해선 국민께 사과드린다. 기득권에 맞서 정치개혁을 이끌어 온 김대중, 노무현 정승을 계승한 정당이 진영논리와 기득권을 강화하는 위성정당을 만들지 말았어야 했다.

선거와 정치개혁은 '승자독식 정치구조와 기득권을 깨는 것'에서 출발해야 한다. 선거제도 개혁의 목표는 분명하다. 선거결과의 비례성과 대표성을 높이고, 지방소멸 위기에 대응하고, 지역주의 정당구도를 완화하며, 정치 다양성을 증진하는 것이어야 한다. 그것이 바로 김대중, 노무현 정신이다. 소수자, 약자의 정치적 의사가 제도권에 반영되지 않고 양당 기득권만 강화하는 건 개혁이 아닌 개

악이다.

　제자리로 돌아가야 한다. 이에 민주당의 많은 의원들은 위성정당 방지법 제정을 주장하며 당론 채택을 촉구해 오고 있다. 거대 양당도 반드시 비례대표를 낸 위성정당에 표를 몰아주는 행위를 방지하고, 총선 후 모정당과 위성정당이 합당할 때는 국고보조금을 절반 삭감하는 방식 등을 검토해 볼 수 있다.

　민주당은 지난 대선을 거치며 연동형 비례제와 위성정당 방지를 약속했다. 민주당은 기득권을 내려놓고 희생의 길을 걸을 때 국민으로부터 지지를 받았다. 그것이 김대중, 노무현이 걸어왔던 길이다.

　한편, 많은 사람들은 우리 정치의 현실을 평가하면서 승자독식, 대결주의 정치문화의 비효율성과 악순환을 거듭거듭 지적하고 있다. 그리고 이러한 정치문화의 배경과 원인을 소선거구제에서 찾고 있다.

　하지만 이러한 주장은 현상에 대한 적절한 지적임에도 불구하고 온전한 진단과 해법에는 미치지 못한다. 무엇보다 다수득표에 기반한 '소선거구제' 자체를 승자독식과 대결정치의 근원으로 악마화하는데 동의할 수 없다.

　오히려 소선거구제 대표성과 '비례대표제 설계 미흡'이나 호남당과 영남당의 싹쓸이라는 '지역주의 정치문화'가 문제의 핵심이다. 언제까지 왼팔이 가려운데 오른팔을 긁고 있어야 하나?

득표율과 의석수 간 '불비례성'이 가장 심화된 지역이 바로 '영호남'이다. 지역주의 정치에 안주한 영호남은 스스로 아랫목 정치에 안주하면서 정치의 경쟁력을 현저하게 떨어뜨리고 있다. 이러한 지역주의 정치는 영호남에 머무르지 않고 수도권 판도에까지 미침으로써 승자독식과 대결과 정쟁의 고착화를 야기하고 있다.

<21대 총선 지역별 지역 득표율 대비 지역구 의석점유율>

21대 총선거	전체 지역구 의석수 (a)	더불어민주당(더불어시민당)				미래통합당(미래한국당)			
		지역구 합산 득표율 (B)	지역구 의석수 (c)	득표율 배분 가상의석 (d)	차이 (c-d)	지역구 합산 득표율 (B)	지역구 의석수 (c)	득표율 배분 가상의석 (d)	차이 (c-d)
수도권	121	54%	103	65	+38	41%	16	50	-34
PK	40	41%	7	16	-9	53%	32	21	+11
TK	25	27%	0	7	-7	61%	24	15	+9
호남	28	69%	27	19	+8	2%	0	0	+0
전국	253	50%	163	126	+37	41%	84	105	-21

이러한 영호남의 지역주의 정치는 스스로 경쟁력을 떨어트리고 퇴화시켜서 수도권 간 불균형을 심화시키며, 마침내 거대한 공룡의 소멸처럼 '지방소멸' 고위험지역으로 전락시키기에 이르렀다. 지방의 소멸지수가 가장 심각한 지역이 지역주의 정치의 본거지인 경북과 전남북인 사실이 단순히 우연한 현상일까?

'인구 대표성'이 지나치게 강조되면서 농산어촌 거대선거구 발생 등 지역대표성이 약화되면서 한편으로는 국회의 의사결정이 수도권 중심으로 편향되고 있다. 2004년(17대 국회) 45 퍼센트였던 '수도권의 지역구 의석 비중'은 2025년에는 50 퍼센트(22대 국회)를 넘어설 것으로 보인다. 이에 반해서 농산어촌의 의석수는 크게 줄어들 수밖에 없다. 인구비례가 강조되면서 농어촌 지역이나 지방 소도시들은 통폐합 과정에서 지리적, 환경적, 정서적으로 이질적인 지역이 하나의 선거구가 형성되고 있다. 이 과정에서 지역구 및 지역 대표성이 약화되고 있고, 도농은 물론 수도권과 비수도권의 불균형을 심화되고 있다. 지역 대표성 문제를 방치 할 경우 지역소멸은 가속화될 수밖에 없고 지역 균형발전을 이룰 수 없다.

소멸위험지역 현황

- 소멸위험지수 = 20~39세 여성인구 수 / 65세 이상 고령인구 수
  - 소멸위험지수 값이 1.0 미만으로 하락하는 경우, 그 지역은 인구학적인 쇠퇴위험 단계에 진입하게 되었다는 의미
  - 소멸위험지수 값이 0.5 미만일 경우, 소멸위험이 크다는 의미

명칭	소멸위험지수		
소멸 저위험	1.5 이상		
정상지역	1.0 ~ 1.5 미만		
소멸주의	0.5 ~ 1.0 미만		
소멸위험지역	소멸위험진입	0.2 ~ 0.5 미만	
	소멸 고위험	0.2 미만	

2020년(102개)	2022년 3월(113개)

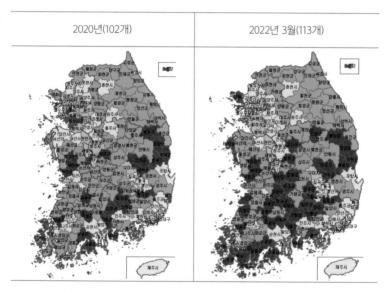

자료: 한국고용정보원 [국가통계포털(KOSIS) 2020년은 주민등록연앙인구, 2022년 3월은 월별주민등록인구통계 활용]
주: 1) 제주와 세종은 각각 1개 지역으로 계산함.

제17대~제21대 국회의원선거 의원정수 권역 비교

시 도 명	의원 정수					
	제22대 (가능의석)	제21대 (2020)	제20대 (2016)	제19대 (2012)	제18대 (2008)	제17대 (2004)
합 계	253	253	253	246	245	243
서울·인천·경기	128 (50.5%)	121 (47.8%)	122 (48.2%)	112 (45.5%)	111 (45.3%)	109 (44.9%)
광역시 (인천 제외, 세종 포함)	49 (19.3%)	53 (20.9%)	52 (20.6%)	51 (20.7%)	50 (20.4%)	49 (20.2%)
도 (경기 제외, 제주 포함)	76 (30.0%)	79 (31.2%)	79 (31.2%)	83 (33.7%)	84 (34.3%)	85 (35.0%)

　　선거제 개편 과정에서 소멸위기에 처한 비수도권 이익을 고르게 대변하고 정치적 자원을 공정하게 분배할 수 있는 특단의 선거구 획정 기준이 절실하다. 지역주의 정치를 한 번에 해결하면 좋겠지만, 단 한 걸음이라도 나아갈 수 있다면 그것이 바로 진일보라 생각한다. 지역구든, 비례든 한 석이라도 선거제도에 의해 영호남 지역 정치의 벽이 무너질 수 있다면 우리는 기꺼이 나아가야 한다.

　　나는 '권역비례제'가 지역주의 벽을 넘어설 수 있는 해법이라 생각한다.

첫째, 현행 '전국 비례제'를 '권역비례제(6개 권역)'로 개편해 지방 의석을 확보해야 한다. '비례대표 국회의원' 결정 방식은 현행 '전 국비례'에서 6개 권역별로 선정하되, 수도권보다는 비수도권에 비 례의석 배정을 확대함으로써 수도권에 집중된 의석을 분산시킬 필 요가 있다. 둘째, 지역구와 권역비례 간 연동형 방식을 통해 다당제 기반을 확충하고, 소수 정파의 활로도 열어줘야 한다. 셋째, 소멸지 역에 대한 특례조항을 신설해 인구 기준만이 아니라 다양한 방안 을 확보하도록 할 필요가 있다. 농산어촌의 지역 대표성이 반영되 도록 초거대선거구 발생을 방지하기 위한 규정, 가령 자치구 수, 면 적 비율 등에 대한 특례 규정을 신설할 필요가 있다.

이와 같은 방식의 권역별 비례대표제는 지역 대표성을 강조하면 서 지역주의·지방소멸 극복, 수도권 편중 완화, 비례성 강화에 상 당한 효과가 있을 것으로 기대한다. 이는 지역주의를 극복하는 것 이자, 다양한 정파의 진출 통로가 될 수 있으며, 지방에 균형의석을 배분함으로써 심화된 수도권 중심의 불균형을 완화하는 길이 될 것이다.

선거제 개편 논의 과정 중 국민의힘에서는 의석수를 30석 줄이 자고 주장하고 있다. 그렇게 할 경우, 비례대표와 지방의원 의석수 축소가 불가피하다. 그러나 이 방안은 지역주의 정치, 승자독식을 강화하는 퇴행적 조치일 뿐이다. 지역주의를 고착화하는 것은 물론 지방소멸을 넘어 국가소멸을 가속화 한다는 점에서 반개혁적 발언이자 무책임한 발상이라 지적하지 않을 수 없다.

노무현 전 대통령은 우리나라 정치발전을 가로막아 온 것이 바로 '망국적인 지역감정과 지역주의 정치'임을 강조했다. 노무현 대통령은 망국적인 지역주의 정치 극복을 위해 대연정까지 제안하기도 했다.

나는 민주당 텃밭인 호남에서 '무소속'으로 전라남도의원과 나주시장을 두 번씩이나 당선됐다. 이 과정에서 지역주의 정치의 실상과 한계를 확인할 수 있었다. 나에게도 김대중 전 대통령이 큰 어른이셨지만, 지역주의 정치에서 자유로운 정치 기득권이 아닌 지역주민의 힘에 의존하는 정치를 하고 싶었다. 공천만 받으면 짝대기만 꼽아도 당선되는 선거제를 극복하고 싶었다.

이번 선거제도 개혁의 가장 중요한 목표는 망국적인 지역주의와 승자독식에 의한 정치적 양극화를 개선하고, 지역소멸에 대응하기 위한 지역 대표성 확보에 있어야 한다.

지역주의 타파가 필생의 과업이었던 '바보 노무현'은 2000년 종로를 버리고 정치적 사지였던 부산에 출마해 장렬히 패배했다. 지역주의 타파라는 노무현의 숙제는 여전히 미완이다. 늦었지만 이제 여전히 우리 곁에 살아 숨 쉬는 노무현의 꿈을 제대로 이뤄냈으면 한다.

선거제도가 공정해야 좋은 정치를 기대할 수 있다. 지역민들에게

필요한 일을 하는 효자손 정치, 알맹이 있는 정치를 하기 위해 정치
개혁특별위원회 위원으로서 제대로 된 선거제 개편을 이뤄내기 위
해 끝까지 역할에 충실 할 것이다.

지방에서 대한민국의 미래를 찾다

지방에서
대한민국의
미래를 찾다

지방에서
대한민국의
미래를 찾다

펴낸날 2024년 1월 5일
2쇄 펴낸날 2024년 1월 12일

지은이 신정훈
펴낸이 주계수 | **편집책임** 이슬기 | **꾸민이** 이슬기

펴낸곳 밥북 | **출판등록** 제 2014-000085 호
주소 서울시 마포구 양화로 7길 47 상훈빌딩 2층
전화 02-6925-0370 | **팩스** 02-6925-0380
홈페이지 www.bobbook.co.kr | **이메일** bobbook@hanmail.net

© 신정훈, 2023.
ISBN 979-11-5858-981-3 (03300)